9Star Ki Astrology

실 전 사 례

이승재

동학사

구성기학 실전 풀이로 미래 예측 능력을 배운다

이 책은 앞서 출간한 『역학 원리를 과학적으로 분석한 구성기학』의 실전사례집이다. 따라서 이 책은 과학적으로 규명된 구성기학이 실전에서 어떻게 사용되고, 얼마나 정확하면서도 정밀한가를 보여주기 위해 저술되었다. 또한 이 책은 현대인의 필수품인 자동차나 컴퓨터와 관련된 사건사고는 물론, 도난과 분실 그리고 부동산 매매 등의 주요 관심사들을 대상으로 다양하게 운추론을 전개하면서 구성기학이 실전에서도 형이상학이 아니라 엄밀한 과학임을 증명하였다. 위와 같은 집필 의도로 인해서 이 책은 다음과 같은 내용으로 채워져 있다.

첫째, 구성기학은 시공간의 과학이다. 구성기학에서 사용하는 명반은 시공간의 부호인 연월일시에 의해 만들어진다. 따라서 구성기학은 시공간에 위치한 삼라만상의 상태를 해석하는 시공간의 과학이다. 이 책은 시간 계층구조와 공간 계층구조를 사용하여 시공간을 해석하는 방법을 제시하였다.

둘째, 구성기학은 실증과학이다. 이 책은 자동차와 같이 형체를 가진 사물이 고장나서 작동하지 않거나 역주행처럼 운영이 잘못될 때 구성기학 명반에서 어떻게 표시되는가를 추적하여 구성기학의 정확성을 증명하였다. 나아가 이를 계약과 같은 추상적 행위의 운추론 방법에도 동일하게 적용하여, 증명될 수 없는 비과학적인 가설을 모두 배제하고 증명이 가능한 물리적 실체를 가진 과학적 진실만으로 구성기학의 이론을 전개하였다. 따라서 구성기학은 물리적 실체로 증명되는 실증과학이다.

셋째, 구성기학은 미래 예측 과학이다. 물리적 실체로 운추론의 정확성이 증명된 구성기학은 개인의 운추론뿐만 아니라 세계정세나 국운과 같은 거시적인 운추론에도 적용된다. 따라서 구성기학은 개인뿐만 아니라 민족과 국가의 번영과 발전에도 유용하게 쓰일 수 있는 강력한 미래 예측 과학이다.

넷째, 구성기학은 카오스 과학이다. 카오스 이론은 겉으로 보기에는 무질서하고 불규칙해 보이지만, 본질적으로는 초기조건에 의해 결정되는 규칙과 질서를 지니고 있는 현상들을 설명하려는 이론이다. 구성기학에서는 점을 치는 순간을 초기조건으로 삼아 미래가 결정된다. 따라서 구성기학에서는 카오스 이론을 사용하여 특정한 사건사고가 해결되는 시기를 추론한다.

독자는 구성기학의 원리를 과학적으로 규명하려고 시도한 『역학 원리를 과학적으로 분석한 구성기학』을 먼저 읽은 후에, 물리적 실체를 가진 실물을 실전사례의 대상으로 삼아서 구성기학 운추론의 과학성을 증명한 이 책을 읽으면 구성기학이 가지는 미래 예측 능력과 그로 인한 미래 개척과 창조를 경험할 수 있을 것이다.

2012년 8월 이승재

일러두기

1 구성기학의 직관적 이해를 돕기 위해 물리적 실체를 기반으로 삼아 운추론을 전개하고, 구성기학의 이론 체계를 실증하였다. 또한 이러한 시도를 통해 구성기학을 형이상학에서 실증과학으로 승화시켰다.

2 사람을 포함한 삼라만상의 존재 기반인 시공간을 시간 계층구조와 공간 계층구조의 결합을 통해 해석하였다. 또한 이런 방식은 구성기학을 양자역학과 상대성 이론을 포괄하는 상위 과학으로 자리매김시킨다.

3 실전사례로 미시적인 개인의 일상사부터 거시적인 국운과 세계정세까지 다양하게 설명하고 있다.

4 공간 계층구조를 통해서 간지 사용법을 규명하고, 간지와 궁, 구성숫자를 결합하여 입체적으로 운추론을 구사하는 방법을 제시하였다.

5 시간 계층구조를 통해 길흉(吉凶)의 크기와 시간적 지속성을 추론하는 방법을 제시하였다.

6 카오스 이론을 사용하여 특정 사건이 해결되는 시기를 추론하는 방법을 제시하였다. 또한 운추론 실전풀이에 카오스 이론을 도입한 최초의 역학 서적이다.

7 저자의 순수한 연구성과만을 실었으며, 실전사례 풀이마다 설명과 이해의 편의를 위해 세부적인 그림과 도표를 많이 추가하였다.

2. 물리적 실체로 이해하기

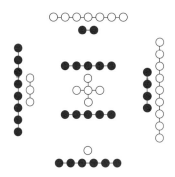

구성기학은 시간 계층구조와 공간 계층구조를 사용하여 4차원의 시공간을 해석하고, 그러한 해석을 바탕으로 미래를 예측하며, 나아가 인간이 자유의지로 미래를 개척하는 것까지 가능하게 만드는 학문이다.

시간 계층구조는 현재(지금 이 순간)를 나타내는 최소 단위인 시를 표시한 시반을 기준점으로 삼아 전달의 월반, 시반, 당일의 일반, 당월의 월반, 당년의 연반을 순차적으로 연결하여 특정 사건의 시간적 지속성을 파악할 수 있다.

한편 공간 계층구조는 일반과 시반에서 낙서운동을 하는 간지를 사용하며, 지지와 궁, 구성숫자의 공간적인 포함관계를 파악할 수 있다. 즉, 공간 계층구조는 시간에 따라 변화하는 사람과 사물의 내부적인 공간 상태 그리고 사람과 사물을 둘러싼 외부의 공간 상태를 표시한다.

따라서 구성기학 명반을 해석할 때 연반·월반·일반·시반 모두를 사용하지 않으면 시간 계층구조를 이해할 수 없고, 낙서운동을 하는 간지를 사용하지 않으면 공간 계층구조를 이해할 수 없다.

체용 구성기학과 공간 계층구조를 결합하면, 시간에 따라서 변화하는 사람과 사물의 체(體, body)와 용(用, action)뿐만 아니라 사람과 사물의 내외적인 공간 상태도 파악할 수 있다. 또한 이러한 삼라만상의 체용과 공간 상태를 이해함으로써 시간과 공간을 인간의 자유의지로 선택할 수 있다.

이런 까닭에 구성기학을 시공간의 에너지상태 해석학, 또는 시공간의 선택공학, 시공간의 에너지상태 조절 공학, 방위학, 개운학(開運學)이라고도 볼 수 있다.

시간과 공간의 결합

1. 구성기학과 시공간 계층구조 / 2. 시간 계층구조 / 3.공간 계층구조

1 구성기학과 시공간 계층구조

구성기학은 시간 계층구조와 공간 계층구조를 사용하여 4차원의 시공간을 해석하고, 그러한 해석을 바탕으로 미래를 예측하며, 나아가 인간이 자유의지로 미래를 개척하는 것까지 가능하게 만드는 학문이다.

시간 계층구조는 시 → 일 → 월 → 연으로 이어지는 시간의 흐름을 알면 이해하기 쉽다. 시일월연(時日月年) 중에서 시(時)는 현재(지금 이 순간)를 나타내는 최소 단위인데, 이 시를 표시한 시반을 기준점으로 삼아 전달의 월반, 시반, 당일의 일반, 당월의 월반, 당년의 연반을 순차적으로 연결하여 특정 사건의 시간적 지속성을 파악할 수 있다.

한편 공간 계층구조는 일반과 시반에서 낙서운동을 하는 간지를 사용하며, 다음 그림처럼 지지와 궁, 구성숫자의 공간적인 포함관계를 파악할 수 있다.

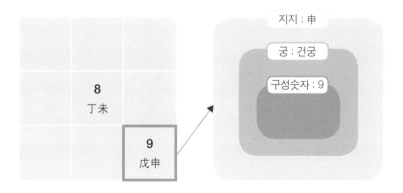

외관상으로는 건궁 안에 구성숫자 9와 지지 신(申)이 담겨 있지만, 공간 계층구조상으로는 지지 신(申) 안에 건궁이 담겨 있고, 다시 지지 신(申) 안에 구성숫자 9가 담겨 있다.

이러한 공간 계층구조는 시간에 따라 변화하는 사람과 사물의 내부적인 공간 상태 그리고 사람과 사물을 둘러싼 외부의 공간 상태를 표시한다. 따라서 구성기학 명반을 해석할 때 연반·월반·일반·시반 모두를 사용하지 않으면 시간 계층구조를 이해할 수 없고, 낙서운동을 하는 간지를 사용하지 않으면 공간 계층구조를 이해할 수 없다.

결론적으로 구성기학에서는 명학과 점학 모두 연반·월반·일반·시반을 동시에 사용하며, 각 명반에서 구궁과 구성숫자를 모두 해석하고, 간지도 생년지지를 포함하여 구궁에 존재하는 모든 간지를 해석한다.

이 책은 2011년 발간된 필자의 『역학 원리를 과학적으로 분석한 구성기학』에서 설명한 체용 구성기학을 바탕으로 이론을 전개한다. 따라서 기존의 체용 구성기학과 이 책에서 자세히 소개하는 공간 계층구조를 결합하면, 시간에 따라서 변화하는 사람과 사물의 체(體, body)와 용(用, action)뿐만 아니라 사람과 사물의 내외적인 공간 상태도 파악할 수 있다.

체용 구성기학

체와 용을 반복 사용하거나(연좌법), 동회를 반복 사용하는(연동법) 운추론 방법을 말한다. 구성반에서 궁은 체로 보고, 구성숫자는 용으로 본다.

또한 이러한 삼라만상의 체용과 공간 상태를 이해함으로써 시간과 공간을 인간의 자유의지로 선택할 수 있다. 이런 까닭에 구성기학을 시공간의 에너지상태 해석학, 또는 시공간의 선택공학, 시공간의 에너지상태 조절 공학, 방위학, 개운학(開運學)이라고도 볼 수 있다.

특히 사람이나 사물 등을 문점 대상으로 삼아, 그들의 상태 변화가 구성기학 명반에서 체용과 공간 상태의 변화로 드러나는 것을 추적하면 구성기학의 정확성과 정밀도를 체험할 수 있다. 예를 들어, 사람이 질병으로 아픈 경우 구성반을 살펴보면 그 사람의 몸체를 표시하는 본명성의 체에 해당하는 궁이 흉살로 파괴되어 있다. 따라서 물리적 실체를 기반으로 삼아 논리를 전개하는 구성기학은 증명이 불가능한 역학의 형이상학적 한계를 극복하여 실증적인 과학으로 승화된다.

② 시간 계층구조

구성기학 명반은 시간 흐름에 따라 해석한다. 즉, 가장 먼저 시반에서 출발하여 시간 계층구조상 시반과 연속선상에 존재하는 당일의 일반, 당월의 월반, 당년의 연반까지 순차적으로 연결해 나간다. 또는 시반에 나타난 상황이 과거로부터 이어져 온 것인지를 확인하기 위해 시반과 전월의 월반을 연결시키기도 한다. 이러한 방식으로 문점 (問占) 당시 발생한 사건의 지속 시간과 해결 시기 및 길흉의 크기를 보다 정확하고 정밀하게 해석하고 예측할 수 있다.

시반부터 해석하는 이유는 연월일시의 시간 계층구조에서 문점한 시간을 가장 직접적으로 표시하는 최소 단위가 바로 시(時)이기 때문이다. 따라서 문점하는 순간에 발생하는 사건이나, 문점한 사람을 둘러싼 환경의 정황은 모두 시반에서 나타난다.

또한 시반을 시간 계층구조에서 연속선상에 존재하는 당일의 일반, 당월의 월반, 당년의 연반까지 순차적으로 연결시키거나 전월의 월반과 연결시켜서 해석하는 이유는 다음과 같다. 문점 당시를 표시한 시반은 시간 계층구조에서 홀로 존재하는 독립된 객체가 아니라, 과거로부터 이어져 온 현재 시점을 표시하는 동시에 일반이라는 전체 환경에 종속된 현 상태를 표시한 것이기 때문이다. 따라서 시반에 나타난 동적 사건이나 정황이 과거의 언제로부터 이어져 왔는지, 또는 앞으로 얼마나 지속될지를 파악해야만 사건이나 정황의 피해 규모나 심각성, 좋은 정도 등을 예측할 수 있다. 여기에서 동적 사건은 계약, 교통사고, 사망, 소송 등 정황이 달라지는 사건을 말한다.

특히 시반에서만 흉살로 파괴되고, 시반과 연속선상에 있는 전월의 월반과 당일의 일반에서는 온전한 경우의 사건은 흠이 약간 생기는 정도에 불과하기 때문에 알아차리기가 쉽지 않다. 따라서 시반을 기준으로 시간 계층구조상 연속성이 있는 명반 중에서 적어도 1개 이상의 명반에서 시반과 같은 궁이 흉살로 파괴된 경우를 집중적으로 해석한다. 왜냐하면, 이런 궁은 흉살로 파괴된 정도가 커서 흠보다 훨씬 큰 자국이 생겨 표시가 나기 때문이다.

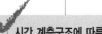

시간 계층구조에 따른 명반 해석 순서

전월의 월반 → 시반 → 당일의 일반 → 당월의 월반 → 당년의 연반 순서로 해석한다. 시반이 출발점인 이유는 문점한 순간을 가장 직접적으로 나타내는 최소 단위이면서, 과거로부터 이어져 온 현재 시점뿐만 아니라 일반이라는 전체 환경에 종속된 현재 상태를 표시하기 때문이다.

이제부터 본명성이 육백금성(6)이고 체가 건궁인 사람이 아픈 정도를 다음 세 가지 경우로 구분하여 설명한다.

❶ 첫 번째 경우

아픈 사람의 체인 건궁이 다음 그림처럼 시반을 기준으로 전월의 월반까지 모두 파괴되었다면, 과거 전월부터 아픈 상태가 현재까지 지속되는 상황이다. 만약 일반 건궁이 온전하면 문점 당시까지만 아프고, 앞으로는 건강을 회복하게 된다. 그러나 당일의 일반 건궁까지 흉살로 파괴된 경우에는 지속적으로 병원에 다니며 치료를 받을 정도로 병세가 심해진 상태이다.

참고로 명반에서 체의 작동 상태는 on과 off로, 체와 용의 관계 및 시간 흐름은 실선으로, 흉살의 인과관계는 점선으로 표시한다(기호 설명 참조).

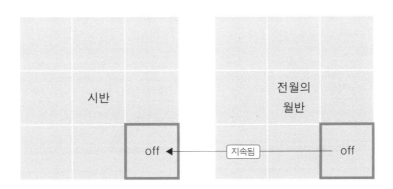

❷ 두 번째 경우

아픈 사람의 체인 건궁이 다음 그림처럼 시반을 기준으로 당일의 일반까지 모두 파괴되었다면, 현재부터 아픈 상태가 당일 내내 지속된다. 이런 경우에는 일시적으로 치료를 받아야 낫지만, 장기간 치료를 받거나 수술을 할 정도로 심각하지는 않다.

 단, 시반에서 흉살이 2개 이상이면 몸체가 아픈 정도가 순간적으로 심해져서 고통이 매우 크다. 만약 시반에서 흉살이 3개 이상인 상태에서 일반 건궁까지 흉살로 파괴되거나, 일반에서 생년지지가 공망궁에 빠지거나 중궁에 들어가면(이를 입중이라고한다) 죽을 수도 있다.

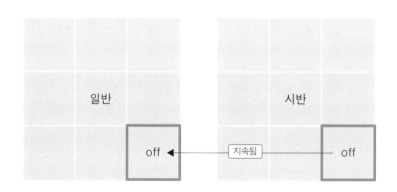

❸ 세 번째 경우

아픈 사람의 체인 건궁이 다음 그림처럼 기준점이자 출발점인 시반에서는 온전해 보이지만, 일반과 월반에서는 흉살 때문에 모두 연속적으로 파괴되었다면, 현재 병원에다닐 만큼 아픈 상황이 당월까지 지속된다.

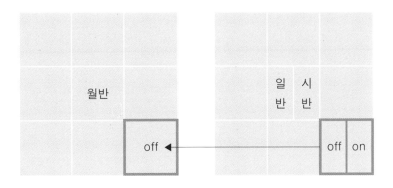

이런 경우에는 시반 건궁이 겉으로는 온전해 보이지만, 속으로는 상태가 좋지 않다. 이것은 다음 두 가지 방식으로 구별할 수 있다.

첫째, 다음 그림처럼 시반 건궁에 담긴 구성숫자의 체가 흉살로 깨진 경우이다. 이렇게 체가 흉살로 깨진 구성숫자는 실제로는 약 40%의 활력만 가지고 있으므로, 흉살로 파괴된 일반 건궁과 결합하면 아파서 시름시름 앓는 상태로 해석한다. 즉, 시반 건궁에 약 40%의 활력만 가진 구성숫자가 들어온 상태에서 일반 건궁이 흉살로 완전히 파괴되었으므로, 문점 당시에는 몸체가 40%의 활력만으로 작동하다가 당일에 아예 몸체가 작동하지 않을 정도로 병세가 심각해진다.

예1에서 시반 건궁에 담긴 구성숫자 3의 체는 진궁인데 파살로 깨져 있다. 이런 상태에서 일반 건궁이 암검살을 맞아 완전히 파괴되었다.

예2에서 시반 건궁에 담긴 구성숫자 1이 체는 간궁인데 오황살로 깨져 있다. 이런 상태에서 일반 건궁은 파살을 맞아 완전히 파괴되었다.

예3에서 시반 건궁에 담긴 구성숫자 8의 체는 간궁인데 파살로 깨져 있다. 이런 상태에서 일반 건궁은 오황살로 완전히 파괴되었다.

둘째, 다음 그림처럼 아픈 사람의 체인 건궁 중에서 시반에 위치한 본명성 6이 일반에서 흉살로 깨진 구성숫자를 목적어나 부사어로 사용하면서 일반 건궁까지 파괴시키는 경우이다. 지둔에 해당하는 일시반의 동회 개념에 의거하여, 본명성이 흉살로 깨진 일반 구성숫자를 사용함으로써 문점 당시를 포함한 시간대에서 일반 건궁까지 파괴시킨다. 따라서 흉살로 파괴된 일반 건궁의 발현은 실질적으로는 시반의 책임이다.

예 1에서는 아픈 사람의 체인 건궁 중에서 시반에 이 사람의 본명성 6이 들어가 있다. 이런 상태에서 시반 건궁에 위치한 본명성 6이 일반 건궁에 담긴 오황살을 목적어나 부사어로 사용하면서 일반 건궁까지 파괴시킨다. 따라서 오황살로 파괴된 일반 건궁의 발현은 실질적으로는 시반 건궁에 위치한 본명성 6의 책임이다. 다시 말해서, 본인 스스로 자신의 몸체가 작동하지 않게 파괴시켜서 아픈 것이다.

예 2에서는 아픈 사람의 체인 건궁 중에서 시반에 이 사람의 본명성 6이 들어가 있다. 이런 상태에서 시반 건궁에 위치한 본명성 6이 일반 건궁에서 암검살로 파괴된 구성숫자 7을 목적어나 부사어로 사용하면서 일반 건궁까지 파괴시킨다. 암검살은 궁과 구성숫자 중에서 구성숫자를 파괴하는데, 연쇄적으로 암검살에 의해 파괴된 구성숫자는 자신이 위치한 궁마저 오염시켜 파괴한다. 따라서 암검살을 맞은 구성숫자 7에 의해 파괴된 일반 건궁의 발현은 실질적으로는 시반 건궁에 위치한 본명성 6의 책임이다. 다시 말해서, 본인 스스로 자신의 몸체가 작동하지 못하게 파괴시켜서 아픈 것이다.

지금까지 시반을 기준으로 시간의 연속선상에 있는 명반 중에서 적어도 1개 이상의 명반에서 시반과 같은 궁이 흉살로 파괴된 세 가지 경우를 설명하였다. 간단히 표로 정리하면 다음과 같다.

■ 시반을 기준으로 시간의 연속선상에 있는 명반이 흉살로 파괴되는 경우

	전월의 월반	시반	일반	월반
첫 번째 경우	off	off	on 또는 off	on 또는 off
두 번째 경우	on 또는 off	off	off	on 또는 off
세 번째 경우	on 또는 off	일반 파괴 유발자	off	off

위 표에서 일반 파괴 유발자는 세 번째 경우에서처럼 일반과 동일한 궁의 시반에 위치한 체가 깨진 구성숫자 또는 본명성을 일컫는다.

시간 계층구조를 더 잘 이해할 수 있도록 이제부터 앞 項의 내용을 구체적인 실전 사례를 통해서 설명한다. 『역학 원리를 과학적으로 분석한 구성기학』 p.216~226에 설명한 체에 대한 운추론을 참조하면 이해하기 쉬울 것이다.

첫번째 경우 : 전월의 월반과 시반이 연속하여 흉살로 파괴됨

양둔 기간인 2009년 양력 2월 16일 유시(酉時)에 1922년 임술년(壬戌年)생 남자가 병으로 세상을 떠났다. 이 사람은 바로 고 김수환 추기경이다.

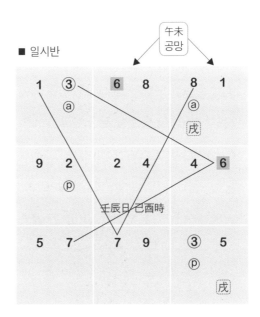

■ 일시반

기호 설명

- **6** : 본명성 표시
- ③, ③ : 대충 표시
- ⓐ : 암검살 표시
- ⓟ : 파살 표시
- 戌 : 생년지지 표시
- ∧ 또는 < : 삼합선 표시

※ 앞으로 나오는 모든 일시반, 월일반, 연월반은 지금과 같은 기호 표시를 따른다

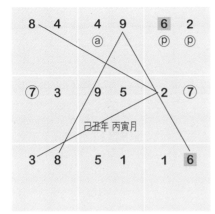

■ 연월반

■ 전달의 연월반

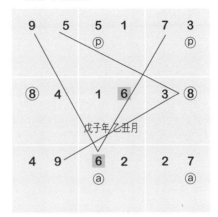

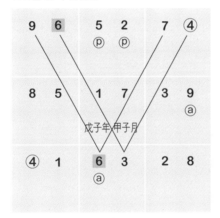

■ 2달 전의 연월반

이 남자는 본명성이 육백금성(6)이므로 체는 건궁이다. 따라서 건강상태와 질병 정도를 해석하기 위해서는 건궁에 초점을 맞추어야 한다. 다음 그림을 보면 시반 건궁과 일반 건궁이 여러 개의 흉살 때문에 심하게 파괴되어 있다. 또한 일반에서 생년지지 술(戌)이 공망궁에 빠져서 당일 몸에 활력이 전혀 없는 상태이다. 이런 상태는 사망할 당시 이 사람의 몸이 오황살 때문에 작동하지 않고, 심지어 사망한 이후의 당일에도 몸체가 전혀 작동하지 않으면서 몸에 활력이 없음을 알려준다.

이 사례처럼 체가 3개 이상의 흉살로 파괴되면서 일반에서 생년지지가 공망궁에 빠지면 뇌출혈이나 신장마비 그리고 갑작스런 사고로 죽는 경우도 있다. 생녀지지와 공망에 대해서는 이어지는 공간 계층구조에서 자세히 소개한다.

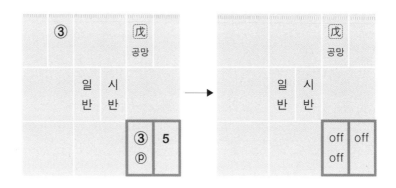

한편, 몸체가 과거의 언제부터 작동하지 않아 아프기 시작했고 동시에 앞으로 언제까지 작동하지 않아서 질병이 얼마만큼 악화될지를 알려면, 시반을 기준으로 시간 계층구조에서 연속선상에 있는 전월의 월반과 당월의 월반을 조사한다.

■ 당월의 월반

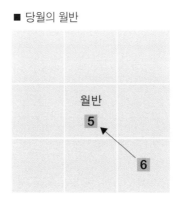

위 그림처럼 당월의 월반에서는 체인 건궁이 온전하므로 질병이 내일(다음 날)부터 당월 이후에는 지속되지 않는다. 사실은 사망하면서 본명성이 육백금성(6)에서 망자를 의미하는 오황토성(5)으로 옮겨 갔기 때문에 건궁이 온전한 상태로 표시되었다. 사망한 사람의 본명성 5는 홈그라운드와 제왕을 상징하는 중궁에 들어가서 온전하므로, 사망자는 자신의 안방에서 왕이 되었다고 유추할 수 있다.

다음으로, 사망하기 전에 언제부터 병을 앓아왔는지를 추적하기 위해 전월을 포함한 연월반부터 역으로 추적한다.

■ 전달의 연월반

■ 2달 전의 연월반

위 그림을 보면 사망 전달의 월반 건궁은 온전하지 않지만, 사망 2달 전의 월반 건궁은 온전하다. 따라서 이 남자는 사망 전달인 무자년(戊子年) 을축월(乙丑月)부터 병이 생겼다고 추론할 수 있다.

이 사례에서 살펴본 것처럼 시간 계층구조를 사용하면 동적 사건이나 정황이 과거의 언제부터 이어져 왔으며, 앞으로 얼마나 지속될지를 파악할 수 있다. 또한 동적 사건이 시작된 시기와 지속 기간을 파악하여 피해 규모나 심각성을 예측할 수도 있다.

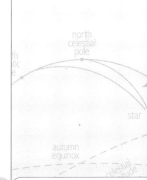

두 번째 경우 : 시반과 일반이 연속하여 흉살로 파괴됨

실전사례
02

양둔 기간인 2006년 양력 12월 20일 미시(未時)에 1962년 임인년(壬寅年)생 여자가 허리가 매우 아파서 걸을 수 없다고 전화를 걸어왔다. 문점 내용은 병세가 허리 디스크로 확대될지의 여부이다.

병원 진단 결과 구성기획 명반에 나온 것처럼 단순한 허리 근육통과 처리 연준이었고, 일주일 정도 물리 치료를 받고 거의 회복되었다.

■ 일시반

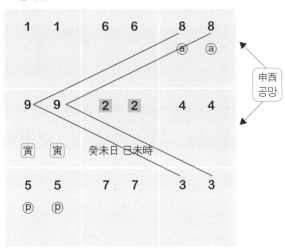

■ 연월반

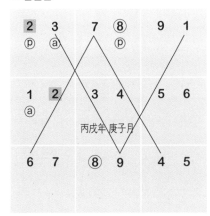

■ 전달의 연월반

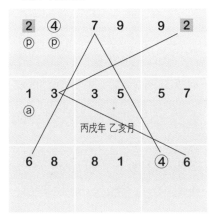

이 여자는 본명성이 이흑토성(2)이므로 체는 곤궁이다. 따라서 건강상태와 질병 정도를 해석하기 위해서는 곤궁에 초점을 맞추어야 한다. 시반 곤궁과 일반 곤궁을 보면 다음 그림처럼 모두 암검살로 파괴되어 체가 작동하지 않는다(off 상태).

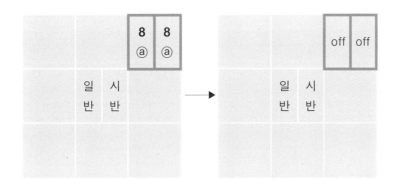

그러나 당월의 월반과 전달의 월반에서는 곤궁이 모두 온전하기 때문에 시간 계층구조의 연속선상에서 일시반과의 연결점이 없다. 따라서 이 여자의 몸체가 작동하지 않는 현상은 문점 당시부터 당일까지로 제한되어 나타난다. 실제로 이 여자의 허리 통증은 단순한 허리 근육통과 허리 염증이 원인이었고, 증세가 가벼워서 일주일 정도 물리 치료를 받고 거의 회복되었다. 만약 당월의 월반 곤궁과 당년의 연반 곤궁까지 흉살로 파괴되었다면 증세가 극심하여 허리 디스크로 발전했을 것이다.

세 번째 경우 : 일반과 월반이 연속하여 흉살로 파괴됨 ①

음둔 기간인 2011년 양력 12월 28일 22시 19분 해시(亥時)에 1961년 신축년(辛丑年)생 남자가 송년회에서 식사를 하다가 문의한 내용이다. 이 남자의 사랑니 중 하나가 너무 커서 턱뼈와 붙어 있는데, 그 때문에 봄과 가을에는 통증이 크다고 한다. ○○대 부속병원에서는 사랑니를 톱으로 자른 후 발치를 하는 수술을 하라는데, 사랑니를 뽑다가 죽는 경우도 있으므로 걱정이 된다는 것이다.

결과를 보면, 구성기학 명반에 나오는 것처럼 이 남자는 양둔 기간인 2012년 양력

1일 27일 10시 15분에 무서히 시랑니를 받치하였다. 이 남가의 사랑니 받치는 다음 신 전사례 5에 소개한다.

■ 일시반

■ 연월반

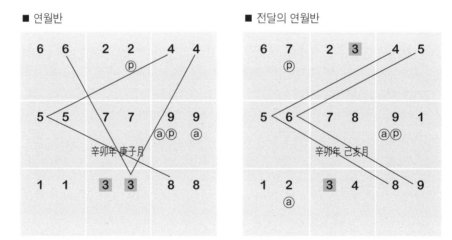

이 남자는 본명성이 삼벽목성(3)이므로 체는 진궁이다. 따라서 건강상태와 질병 정도

를 해석하기 위해서는 진궁에 초점을 맞추어야만 한다. 시간이 흐르는 순서에 따라 전달의 월반부터 시반, 일반, 월반, 연반의 진궁만을 모아서 진궁의 파괴 여부를 살펴보면 다음 표와 같다.

■ 시간 흐름에 따른 진궁의 파괴 여부

시간의 흐름	→ → → → →				
명반	전달의 월반	시반	일반	월반	연반
구성숫자	6	8	5	5	5
궁의 파괴	온전	일반 파괴 유발자	흉살로 파괴됨	흉살로 파괴됨	흉살로 파괴됨

위 표에서 시반 진궁에 들어 있는 구성숫자 8은 일반 파괴 유발자가 된다. 그 이유는 다음 첫 번째 그림처럼 구성숫자 8의 체인 시반 간궁이 4대4 대충으로 파괴되었기 때문이다. 체가 파괴된 시반 진궁의 8이 일반 진궁의 오황살과 결합하면서, 일반과 월반의 진궁이 오황살로 파괴된 것이 실제적으로 드러나게 하는 유발자 역할을 한다.

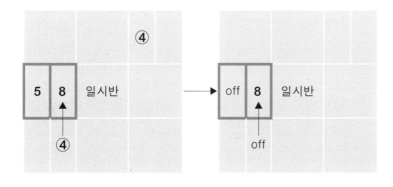

그러나 만약 다음 그림처럼 일반 진궁이 흉살로 파괴되지 않은 상태에서(on 상태) 시반 진궁에 체가 깨진 8이 위치하는 경우, 진궁이 체인 사람은 크게 아프지 않다. 왜냐

하면 이 남자는 문점한 시간대에서만 약 40% 정도의 활력으로 작동하고, 당월의 나머지 시간에서는 몸상태가 거의 100% 정상이기 때문이다. 여기에서 약 40% 정도라고 표현한 이유는 체가 깨진 구성숫자는 40% 정도의 활력을 가지기 때문이다.

이제까지 설명한 내용으로 알 수 있는 정보로 다음 네 가지가 더 있다.

① 전달의 월반 진궁은 온전하므로 전달에는 겉으로 표시가 날 만큼 치통이 심하지 않았다.

② 시반의 일반 파괴 유발자 8에 의해 40% 정도의 활력을 가지므로 문점자는 병원에 다니면서 치료를 받는 상태이다.

③ 일반부터 월반, 연반까지 몸체가 작동하지 않는 상태이므로 문점 시점부터 당년 내내 아플 만큼 큰 질병이다.

④ 삼합선이 시반 진궁과 연반 진궁을 지나므로 문점할 당시에 치통 치료를 받고 있었으며, 또한 당년에 치료를 받을 수 있는 구제책이 생긴다.

　실제로 당월인 경자월(庚子月)의 월반 진궁은 오황살로 파괴된 상태에서 삼합선이 지나지 않으므로 길신의 작용력도 없고, 그 결과로 치유책이 없었다. 그러나 다음 달인 신축월(辛丑月)의 월반 진궁은 다음 그림처럼 흉살로 파괴되지 않고 온전하므로 몸체가 아프지 않도록 발치가 실행된 것이다.

■ 다음 달의 연월반

세 번째 경우 : 일반과 월반이 연속하여 흉살로 파괴됨 ②

양둔 기간인 2010년 양력 6월 15일 미시(未時)에 1954년 갑오년(甲午年)생 여자가 머리가 아파 한의원에서 침을 맞고 있는데 두통이 확실한지 문자로 물어왔다. 구성기학 명반에 나온 것처럼 실제로 두통이 있어서 당월 내내 한의원에서 치료를 받고 회복되었다.

■ 일시반

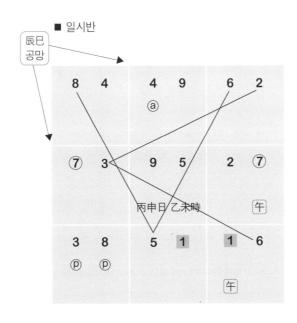

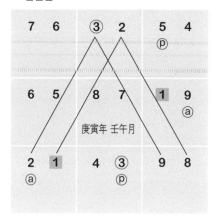

■ 연원반

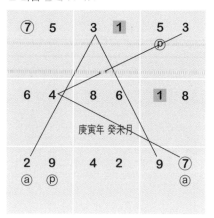

■ 다음 달의 여월반

이 여자의 본명성이 일백수성(1)이므로 체는 감궁이다. 따라서 건강상태와 질병 정도를 해석하기 위해서는 감궁에 초점을 맞추어야만 한다. 시간이 흐르는 순서에 따라서 시반부터 일반, 월반, 연반, 다음 달의 월반 감궁만을 모아서 감궁의 파괴 여부를 살펴보면 다음 표와 같다.

■ 시간 흐름에 따른 감궁의 파괴 여부

시간의 흐름	→ → → → →				
명반	시반	일반	월반	연반	다음 달의 월반
구성숫자	본명성 1	5	파살과 대충을 맞은 3	4	2
궁의 파괴	일반 파괴 유발자	흉살로 파괴됨	흉살로 파괴됨	온전	온전

위 표에서 시반 감궁에 들어 있는 본명성 1은 일반 파괴 유발자가 된다. 그 이유는 다음 그림처럼 본명성 1이 문점한 시간대를 둘러싼 전체 환경인 일반의 오황살 5와 감궁에서 동회하기 때문이다.

다시 말해서, 문점한 시간대에 이 여자는 오황살과 함께 숨어서 보이지 않는데[감궁], 이 오황살이 본인의 몸체를 파괴하는 작용을 하기 때문이다. 이 여자의 체인 감궁이 시반에서는 온전함에도 불구하고, 반드시 이 시간대에 이 여자의 용인 본명성 1이 오황살과 동회하는 현상이 발생하므로 일반 감궁이 오황살 때문에 파괴되는 결과가 실질적으로 나타난다. 본인 스스로가 동회하는 오황살로 자신의 몸체를 작동하지 않게 파괴시키므로 아프게 된다. 만약 시반 감궁에 본명성 이외의 구성숫자가 들어 있는 경우에는 이 구성숫자가 일반 파괴 유발자의 역할을 하지 않으므로 아프지 않다.

위 표에서 알 수 있는 정보 하나가 더 있다. 시반의 일반 파괴 유발자 때문에 나타나는 일반과 월반의 감궁 파괴 현상은 당월까지만 지속된다는 것이다. 그 이유는 연반과 다음 달의 월반 감궁은 온전하여 정상적으로 작동하기 때문이다. 따라서 두통은 당월 동안 치료를 받고 나았다.

시반이 다수의 흉살로 크게 파괴된 경우

실전사례
05

양둔 기간인 2012년 양력 1월 27일 18시 15분에 1961년 신축년(辛丑年)생 남자가 사랑니를 뽑았다. 문점자는 앞서 설명한 실전사례 3의 주인공이다.

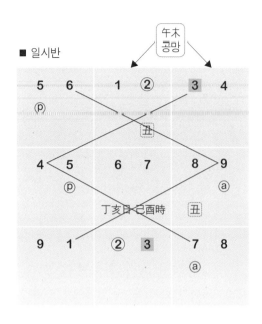

■ 일시반

이 남자의 본명성이 삼벽목성(3)이므로 체는 진궁이다. 따라서 건강상태와 질병 정도를 해석하기 위해서는 진궁에 초점을 맞추어야만 한다. 다음 그림을 보면 이 남자가 발치하고 전화를 걸어 온 시간대를 표시한 시반에서 진궁이 오황살과 파살로 크게 파괴되었다. 이렇게 다수의 흉살로 파괴되면 파괴 정도가 커져서 몸체도 심하게 파손되거나 작동하지 않는다. 따라서 이 남자가 매우 아픈 것을 추론할 수 있다. 심지어 몸체 내부의 상태를 표시하는 생년지지 축(丑)이 시반에서 공망궁에 빠져 활력이 전혀 없다. 생년지지의 사용법은 다음 공간 계층구조에서 좀더 자세히 다룬다.

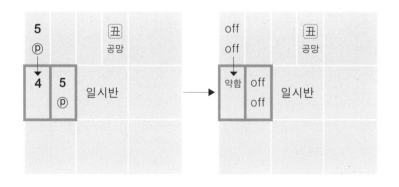

다행스럽게도 일반 진궁에 삼합선이 지나서 길신의 작용으로 당일에 몸상태가 좋아진다. 물론, 일반 진궁에 위치한 구성숫자 4는 자신의 체인 일반 손궁이 오황살과 파살을 맞고 파괴되어 힘의 크기가 매우 떨어져 있는 상태이다. 이것은 일반 진궁이 흉살로 파괴되지는 않지만 힘이 약하게 온전하며, 발치 후에 그 후유증으로 몸상태가 약해졌음을 의미한다.

참고로 의문점사가 아닌 내방점을 치다 보면, 본명성의 체가 시반과 일반에서 흉살로 파괴되어도 아프지 않은 경우도 존재한다. 이때는 시반과 일반을 합해서 흉살의 개수가 2개 이하인 상태에서 연반까지 확장되지 않은 경우가 대부분이다. 월반의 파괴 여부는 크게 중요하지 않다. 다시 말해서, 월반이 온전한 경우 또는 월반이 파괴되어도 연반이 온전하면 아프지 않은 경우가 대다수이다. 이런 경우 문점자는 컨디션이 떨어져서 의욕을 잃어버린 상태이다.

3 공간 계층구조

연월일시 구성반 모두에서 문점한 시간에 해당하는 간지(干支)는 중궁에 기입한다. 이렇게 중궁에 기입한 간지를 시작으로 다음에 나오는 간지들을 낙서순행운동 또는 낙서역행운동을 따라서 구궁에 차례대로 표기한다(자세한 설명은 『역학 원리를 과학적으로 분석한 구성기학』 p.212~213을 참고한다).

이런 절차를 따라서 구궁에 위치하게 된 간지 중에서 천간은 단어의 뜻대로 천지인(天地人) 삼재(三才) 중에서 천(天)을 상징하며, 지지의 사회적 환경과 공간적 환경을 표시한다.

지지는 천지인 삼재 중에서 지(地)를 상징하며, 문점한 시간에 문점 대상인 사람과 사물의 내부공간 상태를 표시한다. 특히, 태어난 해의 띠에 해당하는 생년지지[年支]는 문점 대상인 사람의 내부공간 상태를 표시한다.

여기서 내부공간은 문점 대상인 사람과 사물의 몸체 안이나 품 안을 의미하며, 내부공간 상태는 몸체 안의 상태를 말한다. 또한 내부공간에 위치한 사물은 나(문점자)의 소유물을 의미한다.

이와 반대로 외부공간은 문점 대상인 사람과 사물을 둘러싼 환경을 의미한다.

■ 구궁 안의 십이지지 공간 좌표

辰 巳	午	未 申
卯		酉
寅 丑	子	戌 亥

그렇다면, 지금까지 알아본 구궁 안에서 낙서운동을 하는 지지와 위 그림에 표시된 것처럼 공간 좌표로 사용되는 지지의 차이점은 무엇일까? 대답부터 말하면 구궁 안에서 좌표로 사용되는 지지는 공간의 체가 되고, 낙서운동을 하는 지지는 공간의 용이 된다. 생년지지 중에서 술(戌)에 해당하는 강아지를 예로 들어서 설명하면 다음과 같다.

공간 좌표로 사용하는 십이지지 중에서 술(戌)은 다음 간지 배치도에서처럼 양둔 기간의 갑오일(甲午日)과 을미일(乙未日) 모두 건궁에 고정되어 있다. 고정되어서 근본으로 쓰이는 것은 체에 해당한다.

그러나 양둔 기간 동안 낙서순행운동을 하는 간지 중에서 술(戌)은 갑오일에는 이궁에 위치하고, 을미일에는 간궁에 위치한다. 시간 흐름에 따라서 이동하는 것은 용에 해당한다. 따라서 낙서운동을 하는 구궁 안의 지지는 공간 좌표로 사용된 지지를 선천적인 내부공간으로 가지는 사람 또는 사물이 시간 흐름에 따라서 겪게 되는 내부공간의 변화된 상태를 표시한 것이다.

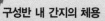
구성반 내 간지의 체용

낙서운동을 하는 간지는 시간 흐름에 따라서 구궁 안을 움직이므로 용에 해당하고, 공간 좌표로 쓰이는 간지는 고정되어 움직이지 않으므로 체에 해당한다.

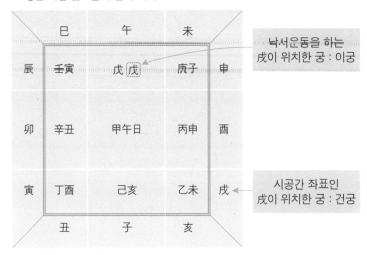

■ 양둔 기간 갑우일이 갑지 배치두

낙서운동을 하는
戌이 위치한 궁 : 이궁

시공간 좌표인
戌이 위치한 궁 : 건궁

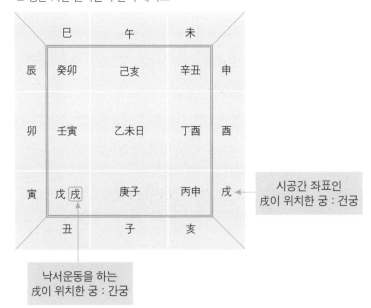

■ 양둔 기간 을미일의 간지 배치도

시공간 좌표인
戌이 위치한 궁 : 건궁

낙서운동을 하는
戌이 위치한 궁 : 간궁

낙서운동을 하는 지지와 구궁, 구성숫자는 구성반에서 각자 공간을 가지고 있다. 그렇다면 이 셋의 공간적 포함관계, 다시 말해서 공간 계층구조는 어떤 형태일까? 셋 중에서 지지가 가장 넓은 공간 범위이고, 그 안에 궁이 포함된다. 또한 궁 안에는 시간의 흐름에 따라 낙서운동을 하는 구성숫자가 담겨져 있다. 이것을 그림으로 나타내면 다음과 같다.

■ 지지 · 궁 · 구성숫자의 공간적 포함관계

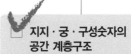

지지 · 궁 · 구성숫자의
공간 계층구조

지지 〉 궁 〉 구성숫자. 즉 지지의 공간이 가장 넓고, 그 안에 궁이 포함되며, 궁 안에 낙서운동을 하는 구성숫자가 들어간다.

그런데 왜 지지가 궁을 포함하는 것일까? 궁은 사람과 사물의 몸체에 해당하는데, 그 몸체 안에 사람과 사물의 활동을 표시하는 구성숫자가 머물면서 운영된다. 따라서 궁은 천지인(天地人) 삼재(三才) 중에서 인(人)에 해당한다. 지지는 천지인 삼재 중에서 지(地)에 해당한다. 그런데 사람은 땅 위에서 활동하는 동시에 땅의 기운에 지배당한다. 그러므로 지(地)는 인(人)을 포함하고, 역으로 인(人)은 지(地)에 담겨 있다. 이러한 이치 때문에 지지는 인(人)에 해당하는 궁을 포함한다.

지금까지 알아본 지지, 궁, 구성숫자의 공간 계층구조를 다음 그림처럼 내림차순을 사용하여 내부지향적으로 사용하면 내부공간 상태를 자세히 추론할 수 있다.

여기에서 내림차순이라고 한 이유는 넓은 공간에서 좁은 공간으로 진행하면서 추론하기 때문이다. 또한 공간 계층구조에서 범위가 큰 바깥쪽부터 범위가 작은 내부쪽으로 진행하므로 내부지향적이다.

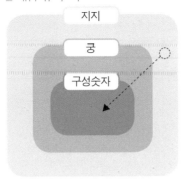

■ 내림차순 분석

내림차순의 반대는 올림차순으로, 좁은 공간에서 넓은 공간으로 진행하면서 추론한다. 또한 공간 계층구조상 범위가 작은 내부에서 범위가 큰 바깥쪽으로 진행하므로 외부지향적이다.

다음 그림처럼 공간 계층구조를 올림차순을 사용하여 외부지향적으로 사용하면 구성숫자를 둘러싼 외부공간의 정황을 자세히 추론할 수 있다.

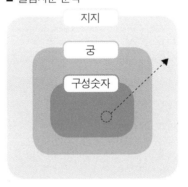

■ 올림차순 분석

공간 계층구조에서 내부공간의 상태 추론과 외부공간의 정황 추론 이외에 중요한 개념이 하나 더 있다. 바로 내부의 공간 상태에 흉(凶)을 부여하는 요소인 공망(空亡)과 입중(入中)이다. 입중은 지지가 감옥이나 사면초가(四面楚歌)를 의미하는 중궁에 들어간 경우를 말한다. 공망은 주로 일시반에서 사용하며, 사주명리학에서 사용하는 일주(日柱)를 기준으로 삼아 생성되는 순중공망(旬中空亡)을 말한다. 공망과 입중의 사용법은 이어지는 공간 상태의 길흉에서 다룬다.

　지금까지 설명한 공간 계층구조에서 중요한 개념들을 다음 순서대로 좀더 자세히 살펴본다.

■ 공간 계층구조의 설명 순서

1. 내부공간의 상태 추론

다음 사례들을 통해 공간 계층구조의 내림차순을 이용하여 내부공간 상태를 어떻게 추론하는지 자세하게 설명한다.

내적인 소유물 중 문서나 법인회사 이름

실전사례
01

양둔 기간인 2011년 양력 5월 6일 19시 11분 유시(酉時)에 1961년 신축년(辛丑年)생 남자가 법인회사 이름을 새로 만들지 또는 예전에 본인이 사업을 하던 법인회사 이름을 쓸지를 문의하였다. 결과적으로는, 구성기획 일시반에 나온 깃처럼 헤진 법인회사 이름을 다시 살려서 사용하면 세금이 많이 나오기 때문에, 새롭게 개인사업자로 회사 이름을 다시 신청하겠다고 나중에 연락해왔다.

■ 일시반

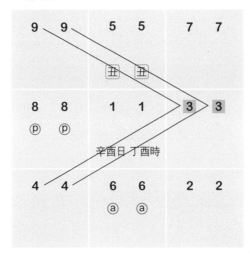

■ 시반 이궁의 공간 계층구조

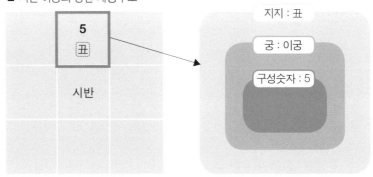

위 그림에서 알 수 있듯이 생년지지 축(丑)이 이궁에 들어 있다. 따라서 이 문제는 1961년 신축년(辛丑年)생 남자의 내부공간 안에서 이궁이 상징하는 문서의 몸체가 작

동하는지를 살펴보면 답을 찾을 수 있다. 다시 말해서, 이 남자가 내부적으로 소유한 법인회사의 이름이 건강해서 작동이 잘 되는지를 살피는 것이다.

다음 그림을 보면 이궁 안에 오황살이 들어와서 이궁을 파괴시키고 있다. 또한 마주보는 6과, 6이 위치한 감궁까지 암검살로 파괴한다. 이것은 내가 사용하는 국가기관인 세무서의 사용[감궁의 암검살을 맞은 6]을 원활하지 못하게 만드는 오황살 때문에 이 남자가 내부적으로 소유한 법인회사 이름이 작동하지 않음을 의미한다.

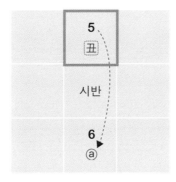

설상가상으로 다음 그림처럼 법인회사 이름의 체에 해당하는 이궁은 시반뿐만 아니라 일반까지 오황살로 파괴되었다.

따라서 문점한 시간부터 당일 내내 이 남자의 소유물인 법인회사 이름은 작동하지 않

는다. 이렇게 특정한 궁이 시반과 일반 모두에서 흉살로 파괴되면 반드시 파괴된 궁이 상징하는 사물이나 사건을 교체나 수리해야만 정상 상태로 회복시킬 수 있다. 따라서 문점자는 옛 법인회사 이름을 살려서 사용하면 세금이 많이 나오기 때문에 새롭게 개인사업자로 회사 이름을 다시 신청하였다.

실전사례 02

내적인 소유물 중 돈

음둔 기간인 2011년 양력 11월 26일 오시(午時)에 1961년 신축년(辛丑年)생 남자가 부동산 경매 입찰에 참여하고 싶었는데, 돈이 없어서 포기하였다.

참고로 이 사례는 문점한 경우가 아니다. 하지만 문점하지 않고도 특정한 사건사고가 일어난 시간으로 구성기학 명반을 작성하여 당시 상황을 아주 자세하게 추론할 수 있다.

■ 일시반

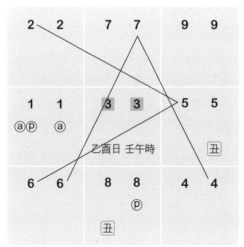

■ 시반 태궁의 공간 계층구조

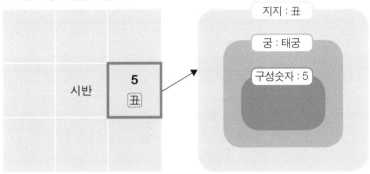

위 그림에서 알 수 있듯이 생년지지 축(丑)이 태궁에 들어 있다. 따라서 이 문제는
1961년 신축년(辛丑年)생 남자의 내부공간 안에서 태궁이 상징하는 돈의 몸체가 잘
작동하는지를 살피면 답을 찾을 수 있다. 다시 말해서, 이 남자가 내부적으로 소유한
돈이 원활하게 작동되는지 살펴야 한다.

　문제는 다음 그림에서 보듯이 태궁 안에 오황살이 들어와서 태궁을 파괴시키는 것
이다. 이것은 내가 사용하는 돈이 원활하게 작동하지 못해서 수중에 돈이 없음을 말
해준다. 또한 태궁의 오황살에 의해 이 남자의 본명성 3의 체인 진궁도 암검살을 맞고
작동하지 않는다.

설상가상으로, 다음 그림처럼 이 남자가 내부적으로 소유한 돈의 체인 태궁은 시반뿐

민 아니라 일빈까지 오횡실로 파괴되었다. 또힌 이 남지의 몸체인 긴궁도 시반꾀 일반 모두 암검살로 파괴되었다.

따라서 문점한 시간부터 당일 내내 이 남자가 내부적으로 소유한 돈의 전원이 꺼져서 작동하지 않고, 그 결과 이 남자도 전원이 꺼져서 작동하지 않는다. 결과적으로, 구성기학 일시반에 나온 대로 이 남자는 돈이 없어서 경매 입찰에 참여하지 못했다.

실전사례

03

내부의 부품 중 운전사

음둔 기간인 2011년 양력 12월 11일 신시(申時)에 승객이 지하철 출입문이 열리지 않았다고 항의하였다. 이에 당황한 기관사가 지하철을 역주행시켰다.

　이 사례 역시 앞서의 실전사례와 마찬가지로 문점한 경우가 아니다. 문점하지 않고도 특정한 사건사고가 일어난 시간으로 구성기학 명반을 작성하여 당시 상황을 아주 자세하게 추론할 수 있다.

■ 일시반

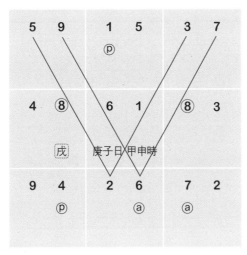

■ 시반 진궁의 공간 계층구조

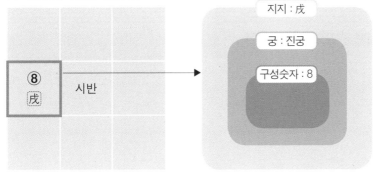

사람만 생년지지가 있는 것이 아니라 사물도 생년지지를 가진다. 사물의 생년지지는 체에 해당하는 궁에 존재하는 십이지지 좌표이다. 지하철의 체인 건궁에 위치하여 공간 좌표로 쓰이는 지지는 술(戌)과 해(亥)이다. 따라서 지하철의 생년지지인 술(戌)과 해(亥)가 된다.

위 그림에서 볼 수 있듯이, 지하철의 생년지지 술(戌)이 진궁에 들어 있다. 따라서 이 사건은 지하철의 내부공간 중에 진궁이 상징하는 기관사의 몸체가 작동하는지를

실핀다. 다시 말해서, 지하철 내부 공간에 존재히는 부품꼬 사물 중 하나인 기관사가 원활하게 작동하는지를 살피는 것이다.

그런데 진궁 안에는 대충으로 깨진 구성숫자 8(운영이 잘못된 출입문)이 들어와서 진궁을 파괴시키고 있다. 이것은 잘못 운영된 출입문 때문에 기관사의 몸체가 정상적으로 작동하지 않고 있으며, 동시에 이 기관사는 지하철의 내부공간에 소속되어 있음을 알려준다.

진궁의 구성 상의 중에는 운전사의 의미도 있다. 따라서 지하철의 운전사는 기관사이므로, 위에서 진궁이 기관사를 상징한다고 표현하였다.

참고로 이 책은 추론에 도움이 되도록 부록에 직업, 날씨와 기후, 분실물이 위치한 장소, 사물, 장소, 추상적인 구성 상의 등 테마별 구성 상의를 실어놓았다.

2. 외부공간의 정황 추론

다음 사례들을 통해 공간 계층구조의 올림차순을 이용하여 구성숫자를 둘러싼 외부공간의 정황을 어떻게 추론하는지 자세하게 설명한다.

실전사례
01

휴대전화를 분실한 장소

음둔 기간인 2010년 양력 11월 29일 진시(辰時)에 충남 어느 시골에 사는 1963년 계묘년(癸卯年)생 여자를 대신하여 그녀의 남편이 전화를 걸어왔다. 아내가 전날 저녁에 휴대전화를 분실했는데, 자신의 전화로 아내의 휴대전화에 전화를 걸면 전원이 켜져 있어서 신호는 가는데 받지 않는다는 내용이었다.

정황을 보면, 이 여자는 문점 전날 저녁에 읍내 미장원에 가서 파마를 한 다음 시외버스를 타고 집으로 돌아왔다. 문점 당일에는 남편이 논에서 일을 마치고 돌아오면서 다시 시외버스 정류장에서부터 분실한 휴대전화 번호로 전화를 걸면서 찾아보았다.

다행히 정류장 옆 도랑에서 휴대전화 벨소리를 듣고 분실한 휴대전화를 찾을 수 있었다. 찾아낸 시간은 문점 당일 유시(酉時)로, 여자가 시외버스에서 내리면서 휴대전화를 정류장 옆 도랑에 빠뜨렸던 것이다. 참고로 그 도랑가에는 큰 나무들이 많이 심어져 있었다. 이런 모든 추론 내용은 구성기학 일시반에 매우 정확하게 나온다.

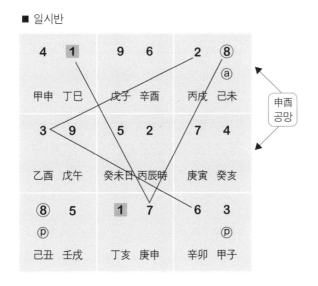

■ 일시반

이것은 잃어버린 휴대전화가 어디 있는지를 찾는 문제이다. 다음 표는 추론을 쉽게 할 수 있도록 휴대전화와 관련된 구성 상의를 구궁에 대입한 것이다.

■ 분실한 휴대전화 추적에 관련된 구성 상외

승객, 교통에 관련된 사람, 승하차, 왕래		
휴대전화		
		시외버스, 차, 차와 관련된 근처

휴대전화의 체는 진궁이고, 용은 삼벽목성(3)이다. 따라서 문점 당시 상황을 보여주는 시반에서 휴대전화의 체인 진궁과 용인 삼벽목성을 조사한다.

■ 시반 건궁의 공간 계층구조

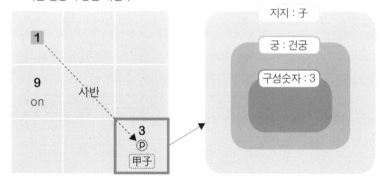

위 그림에서 볼 수 있듯이, 시반에서 휴대전화의 체인 진궁이 온전하므로 휴대전화의 전원이 켜져서 작동이 잘 되고 있다.

그러나 휴대전화의 용인 삼벽목성(3)은 손궁의 본명성 1로부터 발생한 파살을 맞은 채 건궁에 들어가 있다. 이것은 하차[손궁]하는 이 여자[1]의 실수 때문에 휴대전화가 시외버스 근처에서 분실되었음을 알려준다. 또한 건궁에는 지지 중에서 자(子)가 들어 있는데, 이것은 자(子)와 관련된 공간 안에 건궁이 들어 있음을 말해준다. 풀어서 설명하면, 도랑[子] 근처 시외버스 정류장[건궁]에서 하차[손궁]를 하던 이 여자[1]의 실수로 휴대전화[3]가 분실된[파살] 것이다.

이제까지의 추론에서 휴대전화가 분실된 위치를 찾는 가장 결정적인 단서는 건궁에 들어 있는 지지 자(子)이다. 자(子)는 물[水]이고 오행 중에서도 수(水)를 상징하므로 자연스럽게 분실된 장소를 물과 관련된 장소[도랑]으로 유추할 수 있다.

그런데 이 자(子)는 천간 갑(甲)과 결합한 갑자(甲子)의 형태이다. 이 천간 갑(甲)은 어떻게 해석해야 할까? 갑(甲)은 나무[木] 중에서 아름드리 큰 나무인 갑목(甲木)이다. 따라서 이 갑목(甲木)은 휴대전화가 분실된 도랑가에 서 있던 큰 나무들을 상징한다. 만약 건궁에 들어 있는 간지가 무자(戊子)였다면, 무토(戊土)는 큰 땅이나 흙을 상징하므로 도랑 근처에 큰 건물이나 산이 있었을 것이다.

유치장에 갇힌 남자

실전사례
02

양둔 기간인 2011년 양력 5월 14일 오시(午時)에 문점 전날 사기죄로 체포되어 경찰서 유치장에 갇혀 있는 1969년 기유년(己酉年)생 남자에 대하여 문의 전화가 왔다.

문점 내용은 이 남자가 영장실질심사를 앞두고 있는데 구속되지 않고 석방될 수 있는지의 여부였다. 참고로 영장실질심사는 검사로부터 구속영장을 청구받은 판사가 피의자를 직접 심문해 구속 여부를 결정하는 절차이다.

■ 일시반

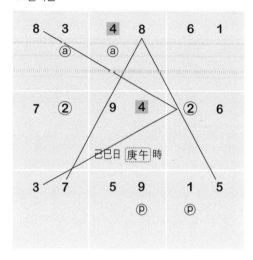

이것은 전화로 문의한 시간에 1969년생 남자가 위치한 장소를 추론하는 문제이다. 다음 표는 추론에 필요한 공간과 장소의 구성 상의를 구궁에 대입한 것이다.

■ 유치장에 갇힌 사람에 관련된 구성 상의

	경찰서, 재판소, 관공서	
	감옥, 사방이 막힌 곳, 쓰레기장	

이제 이 1969년 기유년(己酉年)생 남자가 문점 당시 어디에 있는지를 추론해보자. 이 남자의 체는 손궁이고, 용은 사록목성(4)이다. 따라서 문점 당시 이 남자가 있는 장소를 추론하기 위해서는 문점 당시 상황을 보여주는 시반에서 이 남자의 용인 사록목성을 조사한다.

■ 시반 중궁의 공간 계층구조

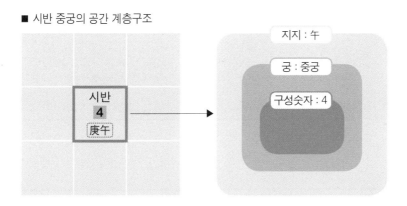

위 그림에서 알 수 있듯이, 4는 중궁에 들어가 있다. 이것은 이 남자[4]가 감옥 또는 사방이 막힌 곳[중궁]에 있음을 말해준다. 또한 중궁에는 지지 오(午)가 들어 있는데, 이것은 오(午)와 관련된 공간 안에 중궁이 들어 있음을 말해준다. 풀어서 설명하면, 문점 당시 경찰서[午] 안에 있는 감옥[중궁]에 이 남자가 위치한다는 의미다.

여기에서 오(午)가 경찰서인 이유는 오화(午火)가 원래 십이지지 좌표로 소속된 이 궁이 법률을 상징하기 때문이다. 지지가 상징하는 장소는 이 책의 부록인 테마별 구성 상의를 참조한다.

3. 공간상태의 길흉

낙서운동을 하는 지지는 시간 흐름에 따라서 변화하는 내부공간 상태를 표시한다. 이러한 내부공간에 흉(凶)함을 부여하는 장치가 바로 공망과 입중이다.

1 공망

공망을 이해하기 위해서는 간지 결합, 즉 천간과 지지의 결합 원리에 대해 알아야 한다. 간지는 10개의 천간과 12개의 지지로, 이들 천간과 지지는 양과 양, 음과 음끼리 서로 결합하여 60가지 간지 결합을 이룬다. 첫 시작이 갑자(甲子)이기 때문에 60가지 간지 결합 모두를 60갑자(甲子)라고 부른다. 이때 천간은 10자이고 지지는 12자이므로 2개의 지지는 짝을 이루지 못하고 남게 된다. 바로 이 2개의 지지를 텅 비어 허하다는 의미에서 공망(空亡)이라고 한다.

공망은 블랙홀이다. 따라서 생년지지가 공망궁에 빠지면 내부공간이 블랙홀에 빠진 것처럼 텅 비게 된다. 그 결과, 생년지지에 해당하는 사람이나 사물은 활력을 잃어버리고 무기력해진다. 그러나 단순히 생년지지가 공망궁에 빠졌다는 이유로 무기력한 현상이 겉으로 드러나지는 않는다. 반드시 내적인 활력이 없는 것이 겉으로 드러나게 만드는 계기, 즉 격발자가 있어야 한다. 이러한 격발자가 바로 시반에서 흉살로 체가 파괴되는 것이다.

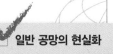

일반 공망의 현실화

일반에서 생년지지가 공망궁에 빠진 상태에서 시반의 체가 흉살로 파괴되면, 문점 당시 체가 파괴된 현상이 당일로 확대된다. 즉, 시반에서 흉살로 체가 파괴되는 것이 공망 효과를 촉발하는 격발자 역할을 한다.

다시 말해서, 일반에서 생년지지가 공망궁에 빠진 사람(또는 사물)의 체가 문점의 출발점인 시반에서 흉살로 파괴되면, 일반의 공망 효과가 현실로 드러나서 문점 당시 체가 파괴된 현상이 당일로 확대된다. 이런 상황에서 월반의 체까지 흉살로 파괴되면 시반에서 체가 파괴된 것이 당월까지 지속된다. 그러나 월반에서 체가 온전하면, 시반에서 체가 파괴된 것은 일시적으로 몸체가 작동하지 않는 가벼운 부상 정도로 끝난다.

지금까지 시반의 체가 파괴되는 것이 일반의 공망 효과를 표출시키는 격발자임을 설명하였다. 역으로 생각하면, 일반의 공망은 시반에서 체가 파괴된 효과를 월반의 체 파괴로까지 연결시켜주는 매개체가 된다. 이제부터는 지금까지 설명한 내용을 이해하기 쉽게 요점마다 자세히 설명한다.

1) 생년지지가 공망궁에 빠진다는 의미

공망은 주로 일시반에서 사용하며, 공망이 생성되는 기준점은 문점한 일진(日辰)이다. 일진은 당일을 표시하는 간지를 말한다. 시반의 공망궁 역시 일진을 기준으로 생성된 것을 사용한다.

예를 들어, 문점한 일진이 병진(丙辰)이면 공망은 자축(子丑)이 되고, 같은 날 신묘시(辛卯時)의 시반 역시 병진일(丙辰日)을 기준으로 하는 자축(子丑)이 공망이 된다. 신묘시(辛卯時)에 해당하는 시반의 공망은 신묘(辛卯)를 기준으로 하여 오미(午未)로 생각하기 쉽지만, 이것은 명백한 오류이다. 다시 한번 강조하면, 일시반에서 공망은 무조건 일진을 기준으로 생성된 것을 일반과 시반 모두에 적용한다.

공망을 적용할 때 유의할 점은, 자축(子丑)이 공망일 경우 구궁 안에서 낙서운동을 하는 자(子)와 축(丑)이 공망이 되는 것이 아니라, 구궁 안에서 십이지지 좌표로 쓰이는 자(子)궁과 축(丑)궁이 공망궁이 된다는 사실이다. 그래서 생년지지가 공망궁에 빠졌다고 표현하는 것이다.

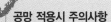

공망 적용시 주의사항

① 일반은 물론 시반의 공망궁도 시간의 간지가 아닌 일진을 기준으로 한다.
② 구궁 안에서 낙서운동을 하는 지지가 아니라 십이지지 좌표로 쓰이는 지지가 공망궁이 된다.

■ 병진일의 공망궁

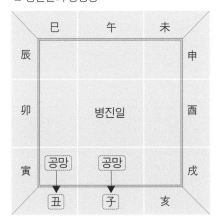

■ 병진일 신묘시반의 공망궁

일진을 다양하게 하여 공망궁을 찾는 연습을 하면 공망궁에 익숙해지고 빨리 찾아낼

수 있다. 참고로 이번에는 구궁 둘레에 십이지지 좌표뿐만 아니라 천간도 추가하여
공망궁을 쉽게 찾을 수 있게 한다.

만약 문점한 날이 병오일(丙午日)이면 다음 그림처럼 인(寅)궁과 묘(卯)궁이 공망
궁이 된다. 따라서 병오일(丙午日)의 무자시(戊子時), 기축시(己丑時), 경인시(庚寅時),
신묘시(辛卯時), 임진시(壬辰時), 계사시(癸巳時), 갑오시(甲午時), 을미시(乙未時), 병
신시(丙申時), 정유시(丁酉時), 무술시(戊戌時), 기해시(己亥時)에 대응하는 모든 시반
의 공망궁은 일반과 마찬가지로 인(寅)궁과 묘(卯)궁이 된다.

■ 병오일의 공망궁

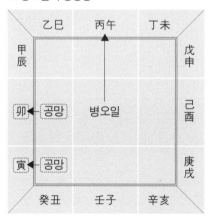

■ 병오일 신묘시반의 공망궁

■ 병오일 임진시반의 공망궁

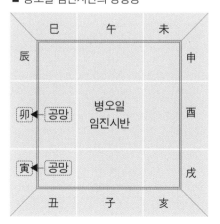

2) 공망을 빨리 찾는 법

여러 가지 서로 다른 예들 사이에서 일정한 규칙을 발견한 후 이론화하면 공망을 빨리 찾을 수 있는 공식을 만들 수 있다.

예를 들어, 문점한 일진이 병진(丙辰)이면 일간 병(丙)부터 시작하여 10천간 중 첫 번째인 갑(甲)까지 거슬러 올라간다. 다음으로, 이 갑(甲)에서 시작하여 마지막 천간인 계(癸)에 이를 때까지 지지를 순서대로 붙여 나가면 12개의 지지 중에서 2개가 남는데 이들이 바로 공망이 된다. 이것을 다음 두 가지 형태로 나타낼 수 있다.

■ 병진일의 공망 찾는 법

	출발	→	→	→	→	→	→	→	→	종착		
천간	甲	乙	丙	丁	戊	己	庚	辛	壬	癸	공망	공망
지지	寅	卯	辰	巳	午	未	申	酉	戌	亥	子	丑

■ 12궁도로 병진일의 공망 찾는 법

丁巳	戊午	己未	庚申
丙辰			辛酉
乙卯			壬戌
甲寅 (출발)	공망 丑	공망 子	癸亥 (종착)

이제부터는 위 12궁도(宮圖)를 이용하여 공망을 찾는 법을 공식으로 만든다.

❶ 천간이 갑(甲)과 을(乙)인 경우

먼저 천간 갑(甲)과 결합한 지지를 기준으로 하여 12지지 순서상 두 칸 전에 위치한 지지가 공망이 된다. 앞의 그림에서는 갑(甲)과 결합한 인(寅)을 기준으로 하여 역순으로 두 칸 전에 위치한 자(子)가 공망이 된다.

마찬가지로 천간 을(乙)과 결합한 지지를 기준으로 하여 역순으로 두 칸 전에 위치한 지지가 공망이 된다. 앞의 그림에서는 을(乙)과 결합한 묘(卯)를 기준으로 하여 역순으로 두 칸 전에 위치한 축(丑)이 공망이 된다.

여기서 주의할 점은 천간이 양인지 음인지에 따라서 공망 지지가 달라진다는 점이다. 먼저 양간인 갑(甲)은 갑(甲)에서 비롯된 공망 지지와 더불어 12지지 순서상 그 지지의 바로 다음 지지 역시 공망이 된다. 따라서 갑(甲)에서 비롯된 공망 지지가 자(子)이므로, 12지지 순서상 자(子)의 바로 다음에 오는 축(丑)도 공망이 된다.

이와 반대로 음간인 을(乙)은 을(乙)에서 비롯된 공망 지지와 더불어 12지지 순서상 역순으로 바로 이전 지지도 공망이 된다. 을(乙)에서 비롯된 공망 지지가 축(丑)이므로, 12지지 순서상 축(丑)의 바로 이전 지지인 자(子) 역시 공망이 된다.

❷ 천간이 병(丙)과 정(丁)인 경우

먼저 천간 병(丙)과 결합한 지지가 참여하는 삼합을 표시한다. 이 삼합에 참여한 지지 중에서 병(丙)과 결합한 지지를 기준으로 12지지 순서상 앞에 있는 지지가 공망이 된다. 다음 그림에서 보듯이, 병(丙)과 결합한 지지인 진(辰)은 다른 두 지지와 함께 신자진(申子辰) 삼합을 이룬다. 이들 중에서 진(辰)을 기준으로 12지지 순서상 앞에 위치한 자(子)가 공망이 된다.

마찬가지로 천간 정(丁)과 결합한 지지가 참여하는 삼합을 표시한다. 이 삼합에 참여한 지지 중에서 정(丁)과 결합한 지지를 기준으로 12지지 순서상 앞에 있는 지지가 공망이 된다. 다음 그림에서 보듯이, 정(丁)과 결합한 지지인 사(巳)는 다른 두 지지와 함께 사유축(巳酉丑) 삼합을 이룬다. 여기에서 사(巳)를 기준으로 하여 12지지 순서상 앞에 위치한 축(丑)이 공망이 된다.

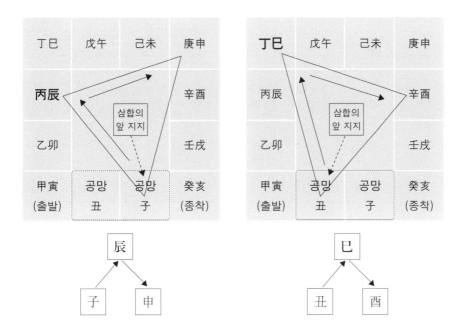

여기서도 천간이 양인지 음인지에 따라서 공망 지지가 달라지는 것을 주의해야 한다. 먼저 양간인 병(丙)은 병(丙)에서 비롯된 공망 지지뿐만 아니라, 12지지 순서상 그 지지의 바로 다음 지지 역시 공망이 된다. 따라서 병(丙)에서 비롯된 공망 지지가 자(子)이므로, 12지지 순서상 자(子) 바로 다음에 오는 축(丑)도 공망이 된다.

이와 반대로 음간인 정(丁)은 정(丁)에서 비롯된 공망 지지뿐만 아니라, 12지지 순서상 거꾸로 진행하는 바로 이전 지지도 공망이 된다. 정(丁)에서 비롯된 공망 지지가 축(丑)이므로, 12지지 순서상 축(丑)의 바로 이전 지지인 자(子) 역시 공망이 된다.

❸ 천간이 무(戊)와 기(己)인 경우

먼저 천간이 무(戊)일 때는 무(戊)와 결합한 지지를 충하는 지지가 공망이 된다. 또한 천간이 기(己)일 때는 기(己)와 결합한 지지를 충하는 지지가 공망이 된다. 다음 그림에서 천간 무(戊)는 지지 오(午)의 결합하고, 천간 기(己)는 지지 미(未)와 결합한다. 따라서 먼저 무(戊)와 결합한 지지인 오(午)를 충하는 자(子)가 공망이 된다. 마찬가지로 기(己)와 결합한 지지인 미(未)를 충하는 축(丑)이 공망이 된다.

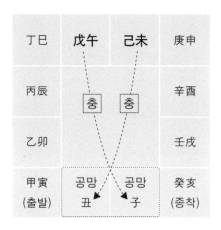

여기서도 천간이 양인지 음인지에 따라서 공망 지지가 달라지는 것을 주의해야 한다. 먼저 양간인 무(戊)는 무(戊)에서 비롯된 공망 지지뿐만 아니라, 12지지 순서상 그 지지의 바로 다음 지지 역시 공망이 된다. 따라서 무(戊)에서 비롯된 공망 지지가 자(子)이므로, 12지지 순서상 자(子)의 바로 다음 지지인 축(丑)도 공망이 된다.

  이와 반대로 음간인 기(己)는 기(己)에서 비롯된 공망 지지뿐만 아니라, 12지지 순서상 거꾸로 진행하는 바로 이전 지지도 공망이 된다. 기(己)에서 비롯된 공망 지지가 축(丑)이므로, 12지지 순서상 축(丑)의 바로 이전 지지인 자(子) 역시 공망이 된다.

❹ 천간이 경(庚)과 신(辛)인 경우

천간 경(庚)과 결합한 지지가 참여하는 삼합을 표시한다. 이 삼합에 참여한 지지 중에서 경(庚)과 결합한 지지를 기준으로 12지지 순서상 뒤에 오는 지지가 공망이 된다. 다음 그림에서 보듯이, 경(庚)과 결합한 지지인 신(申)은 다른 두 지지와 함께 신자진(申子辰) 삼합을 이룬다. 이들 중에서 신(申)을 기준으로 12지지 순서상 뒤에 위치한 자(子)가 공망이 된다.

　마찬가지로 천간 신(辛)과 결합한 지지가 참여하는 삼합을 표시한다. 이 삼합에 참여한 지지 중 신(辛)과 결합한 지지를 기준으로 12지지 순서상 뒤에 오는 지지가 공망이 된다. 이 경우, 신(辛)과 결합한 지지인 유(酉)는 다른 두 지지와 함께 사유축(巳酉丑) 삼합을 이룬다. 이들 중에서 유(酉)를 기준으로 12지지 순서상 뒤에 오는 축(丑)이 공망이 된다.

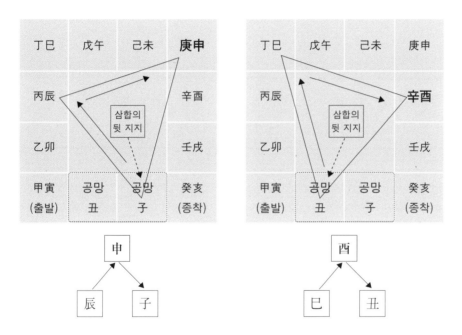

여기서도 천간이 양인지 음인지에 따라서 공망 지지가 달라지는 것을 주의해야 한다. 먼저 양간인 경(庚)은 경(庚)에서 비롯된 공망 지지뿐만 아니라, 12지지 순서상 그 지지의 바로 다음 지지 역시 공망이 된다. 따라서 경(庚)에서 비롯된 공망 지지가 자(子)이므로, 12지지 순서상 자(子)의 바로 다음 지지인 축(丑)도 공망이 된다.

　이와 반대로 음간인 신(辛)은 신(辛)에서 비롯된 공망 지지뿐만 아니라, 12지지 순서상 거꾸로 진행하는 바로 이전 지지도 공망이 된다. 신(辛)에서 비롯된 공망 지지가 축(丑)이므로, 12지지 순서상 축(丑)의 바로 이전 지지인 자(子)도 공망이 된다.

❺ 천간이 임(壬)과 계(癸)인 경우

먼저 천간 임(壬)과 결합한 지지를 기준으로 삼아 12지지 순서상 바로 두 칸 다음에 오는 지지가 공망이 된다. 즉, 임(壬)과 결합한 지지인 술(戌)을 기준으로 하여 12지지 순서상 두 칸 다음에 오는 자(子)가 공망이 된다.

마찬가지로 천간 계(癸)와 결합한 지지를 기준으로 삼아 바로 두 칸 다음에 오는 지지가 공망이 된다. 즉, 계(癸)와 결합한 지지인 해(亥)를 기준으로 하여 12지지 순서상 두 칸 다음에 오는 축(丑)이 공망이 된다.

여기서도 천간이 양인지 음인지에 따라서 공망 지지가 달라지는 것을 주의해야 한다. 먼저 양간인 임(壬)은 임(壬)에서 비롯된 공망 지지뿐만 아니라, 12지지 순서상 그 지지의 바로 다음 지지 역시 공망이 된다. 따라서 임(壬)에서 비롯된 공망 지지가 자(子)이므로, 12지지 순서상 자(子)의 바로 다음 지지인 축(丑)도 공망이 된다.

이와 반대로 음간인 계(癸)는 계(癸)에서 비롯된 공망 지지뿐만 아니라, 12지지 순서상 거꾸로 진행하는 바로 이전 지지도 공망이 된다. 계(癸)에서 비롯된 공망 지지가 축(丑)이므로, 12지지 순서상 축(丑)의 바로 이전 지지인 자(子)도 공망이 된다.

이제 위의 공식을 활용하여 병신일(丙申日)과 신사일(辛巳日)의 공망을 찾아보자.

먼저 병신일(丙申日)을 보자. 우선 천간 병(丙)과 결합한 지지 신(申)이 참여하는 삼합을 찾으면 신자진(申子辰) 삼합이다. 이들 세 지지 중에서 병(丙)과 결합한 신(申)을 기준으로 12지지 순서상 앞에 위치한 진(辰)이 공망이 된다. 또한 양간인 병(丙)에서 비롯된 공망 지지가 진(辰)이므로, 12지지 순서상 바로 다음에 나오는 사(巳)도 공망이 된다.

다음으로 신사일(辛巳日)을 보자. 우선 천간 신(辛)과 결합한 지지 사(巳)가 참여하는 삼합은 사유축(巳酉丑) 삼합이다. 이들 세 지지 중에서 신(辛)과 결합한 사(巳)를 기준으로 12지지 순서상 뒤에 위치한 유(酉)가 공망이 된다. 또한 음간인 신(辛)에서 비롯된 공망 지지가 유(酉)이므로, 12지지 순서상 바로 이전에 나오는 신(申)도 공망이 된다.

이제까지 공망을 쉽게 찾는 공식을 설명하였다. 다음 표는 이 공식을 활용하여 60갑자로부터 생성되는 공망을 정리한 것이다.

■ 60갑자의 각 일진별 공망

十日	60갑자										공망
甲子旬	甲子	乙丑	丙寅	丁卯	戊辰	己巳	庚午	辛未	壬申	癸酉	戌亥
甲戌旬	甲戌	乙亥	丙子	丁丑	戊寅	己卯	庚辰	辛巳	壬午	癸未	申酉
甲申旬	甲申	乙酉	丙戌	丁亥	戊子	己丑	庚寅	辛卯	壬辰	癸巳	午未
甲午旬	甲午	乙未	丙申	丁酉	戊戌	己亥	庚子	辛丑	壬寅	癸卯	辰巳
甲辰旬	甲辰	乙巳	丙午	丁未	戊申	己酉	庚戌	辛亥	壬子	癸丑	寅卯
甲寅旬	甲寅	乙卯	丙辰	丁巳	戊午	己未	庚申	辛酉	壬戌	癸亥	子丑

3) 공망의 표출과 역할

일반에서 생년지지가 공망궁에 빠졌을 때, 그 효과가 밖으로 드러나기 위해서는 이보다 먼저 시반에서 본명성의 체가 흉살로 파괴되어야 한다. 바꾸어 생각하면, 일반에

서 생년지지가 공망궁에 빠지는 것은 시반에서 본명성의 체가 파괴된 것을 월반에서 체가 파괴되는 상황까지 연결시켜주는 매개체가 된다.

그렇다면 공망이 표출되기 위한 선행조건인 시반 체의 파괴를 월반 체의 파괴와 연결하면서 공망은 어떤 작용을 하는가? 다음 표는 시반, 일반, 월반에서 체의 작동 여부에 따른 공망의 표출과 역할을 알기 쉽게 정리한 것이다. 단, 입중도 공망과 동일한 역할을 한다. 입중은 다음 이어지는 내용에서 다룬다.

■ 공망의 표출과 역할

	시반의 체	일반의 체	월반의 체	공망의 표출과 역할
첫 번째 경우	off	on (생년지지가 공망에 빠짐)	off	몸에 활력이 없는 공망 효과가 발현되어 시반 체의 파괴가 월반 체의 파괴로 연결됨 & 문점 당시부터 당월 내내 아픔
두 번째 경우	off	on (생년지지가 공망에 빠지지 않음)	off	시반 체의 파괴가 월반 체의 파괴로 연결되지 않음 & 문점 당시에만 몸상태가 약간 저조함
세 번째 경우	on	on (생년지지가 공망에 빠지지 않음)	off	몸에 활력이 없는 공망 효과가 눈에 띄게 표출되지 않음 & 몸이 아프지 않음

위 표의 세 가지 경우를 다음 실전사례에서 자세하게 설명한다. 각 사례들의 공통점과 차이점을 바로 알 수 있도록 모든 사례에 등장하는 문점 대상을 1972년 임자년(壬子年)생 남자로 고정시켰다.

참고로 위 표에서 on은 체가 작동하는 상태, 반대로 off는 체가 작동하지 않는 상태를 말한다. 따라서 예를 들어 on(생년지지가 공망에 빠짐)은 일반에서 본명성의 체는 흉살로 파괴되지 않고 온전한 상태인데 생년지지가 공망궁에 빠진 것이다.

첫 번째 경우 : 공망 효과가 발현되어 시반 체의 파괴가 일반 체의 파괴로 연결됨

『역학 원리를 과학적으로 분석한 구성기학』 p.223~226에 나온 사례를 재인용한다. 간략하게 설명하면, 음둔 기간인 2009년 양력 7월 22일 사시(巳時)에 1972년 임자년 (壬子年)생 남자가 교통사고로 크게 다쳐서 당일에 수술을 받고 생사의 위기를 무사히 넘겼다. 그러나 그 해 내내 후유증으로 고생하였다.

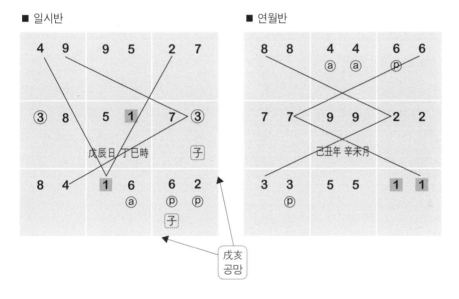

이 남자의 본명성이 일백수성(1)이므로, 체는 감궁이다. 따라서 다친 정도와 건강상태를 추론하려면 감궁을 조사한다. 이 남자가 교통사고를 당한 시간대를 표시한 시반에서 다음 그림처럼 감궁이 암검살로 파괴되었다. 비록 일반 감궁은 온전하지만, 일반에서 생년지지 자(子)가 공망궁에 빠진 상황에서(①) 월반과 연반의 감궁이 모두 오황살로 파괴되었다. 따라서 이 남자의 체인 감궁이 시반에서 흉살로 파괴된 것이, 일반에서 공망궁에 빠진 생년지지를 연결고리로 삼아 흉살로 파괴된 월반과 연반까지 확대되었다(②). 이 때문에 이 남자는 교통사고로 크게 중상을 입게 된 것이다.

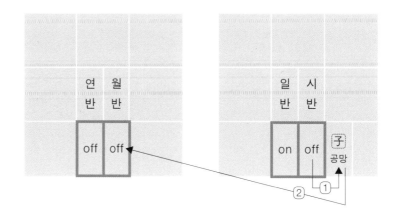

하지만 본명성이 1이어도 생년지지가 자(子)가 아니라 오(午), 묘(卯), 유(酉)면 다음 그림처럼 생년지지가 공망궁에 빠지거나 입중하지 않으므로 시반의 체가 파괴된 효과가 월반까지 이어지지 않는다. 다시 말해, 이 남자와 본명성은 같지만 생년지지가 다른 사람의 경우에는 교통사고를 당해도 크게 다치지 않고, 순간적으로 약간 놀랄 정도의 가벼운 부상만 당한다. 즉, 동일한 동적 사건이라도 규모나 지속 시간 등에서 차이가 난다.

참고로 생년지지는 12개이고 구성숫자는 9개이므로, 본명성이 일백수성 1인 사람은 생년지지가 자(子), 오(午), 묘(卯), 유(酉) 중에서 하나가 된다. 9년마다 연구성이 1로 같고, 1963년 계묘년(癸卯年), 1972년 임자년(壬子年), 1981년 신유년(辛酉年), 1990년

경오년(庚午年) 등으로 생년지지가 정해진다.

두 번째 경우 : 일반에서 생년지지가 공망궁에 빠지지 않아
시반 체의 파괴가 월반 체의 파괴로 연결되지 않음

음둔 기간인 2011년 양력 9월 28일 오전 11시 05분 사시(巳時)에 1972년 임자년(壬子年) 생 남자가 본인 과실로 접촉사고를 냈다. 피해자인 상대방의 차는 트럭이었는데, 약간의 흠만 났다. 따라서 가해자와 피해자의 암묵적인 합의로 피해 보상에 대한 협상 없이 사건이 마무리되었다. 또한 다행스럽게도 가해자나 피해자 모두 다친 곳이 없었다.

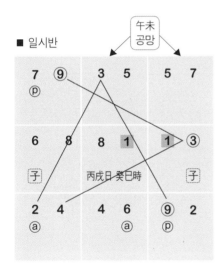

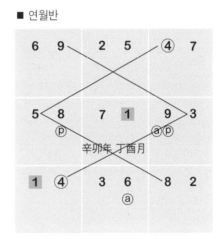

이 남자의 본명성이 일백수성(1)이므로, 체는 감궁이다. 따라서 다친 정도와 건강상태를 해석하기 위해서는 감궁에 초점을 맞추어야만 한다. 다음 그림에서 알 수 있듯이, 이 남자가 접촉사고를 낸 시간대를 표시한 시반에서 감궁이 암검살에 의해 파괴되었다. 그러나 일반 감궁이 온전하고, 동시에 일반에서 생년지지 자(子)가 공망궁에 빠지거나 입중하지 않았기 때문에 시반 감궁의 상황이 흉살로 파괴된 월반까지 연결되지

않는다. 따라서 이 남자는 깊숙히고 당시에만 얼핏 놀라고 진하 부성을 당하지 않았다.

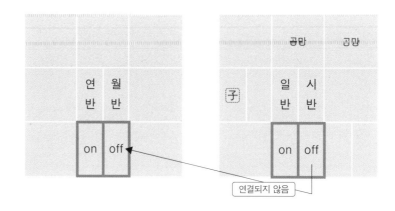

세 번째 경우 : 시반 체가 온전하여 일반의 공망 효과가 표출되지 않음

음둔 기간인 2009년 양력 8월 25일 미시(未時)에 1972년 임자년(壬子年)생 남자가 휴대전화가 울리지 않게 무음으로 켜놓고 잠이 들었다.

■ 일시반

■ 연월반

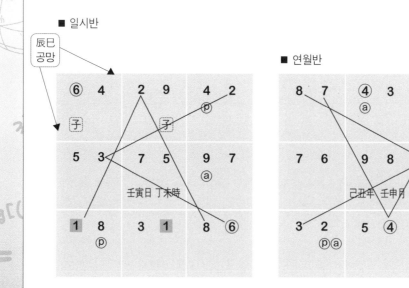

이 남자의 본명성이 일백수성(1)이므로, 체는 감궁이다. 따라서 건강상태를 해석하기 위해서는 감궁에 초점을 맞추어야만 한다. 다음 그림에서 알 수 있듯이, 이 남자에 대해서 문점한 시간대를 표시한 시반에서 감궁이 흉살로 파괴되지 않고 온전하다. 또한 일반 감궁도 온전하다. 비록 일반에서 생년지지 자(子)가 공망궁에 빠지고 월반과 연반 모두 감궁이 오황살과 대충 등의 흉살로 파괴되어 있지만, 동적 사건이 출발점인 시반이 온전하기 때문에 일반에서 생년지지가 공망궁에 빠진 효과가 겉으로 표출되지 않았다. 따라서 이 남자는 문점 당시에 별 문제 없이 잠을 자고 있었다.

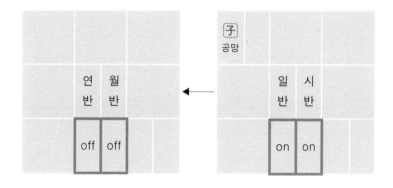

② 입중

입중이란 말 그대로 구성숫자나 간지가 중궁에 들어갔다, 중궁에 위치한다는 의미다. 중궁은 사방이 막힌 곳이면서 썩는 장소이다. 따라서 생년지지가 입중하면 감옥에 갇힌 것처럼 옴짝달싹 못 하게 된다. 그 결과, 생년지지에 해당하는 사람이나 사물은 활력을 잃어버리고 무기력해진다.

그러나 단순히 생년지지가 입중했다고 해서 무기력한 현상이 겉으로 드러나지는 않는다. 공망과 마찬가지로 반드시 내적인 활력이 없는 것이 겉으로 드러나게 만드는 격발자가 있어야 한다. 이러한 격발자가 바로 시반에서 체가 흉살로 파괴되는 것이다. 즉, 일반에서 생년지지가 입중한 사람(또는 사물)의 체가 문점의 출발점인 시반에서 흉살로 파괴되면, 일반의 입중 효과가 현실로 드러나서 문점 당시 체가 파괴된 현

상이 당일로 확대된다. 이런 상태에서 월반의 체까지 흉살로 파괴되면 시반에서 체가 파괴된 것이 당월까지 지속된다. 그러나 월반에서 체가 온전하면 시반에서 체가 파괴된 것은 일시적으로 몸체가 작동하지 않는 가벼운 부상 정도로 끝난다.

시반 체의 파괴가 일반에서 생년지지가 입중한 효과를 표출시키는 격발자라면, 일반에서 생년지지의 입중은 시반 체가 파괴된 효과를 월반 체의 파괴로 연결시켜주는 매개체이다. 결과적으로 일반에서 생년지지가 입중하는 현상은 일반에서 생년지지가 공망궁에 빠지는 현상과 동일한 효과를 나타낸다. 입중의 역할을 다음의 표로 정리할 수 있으며, 공망도 입중과 동일한 역할을 한다.

참고로 on(생년지지가 입중)은 일반에서 본명성의 체는 흉살로 파괴되지 않고 온전한 상태인데 생년지지가 입중했음을 의미한다.

✔ **일반 입중의 현실화**

일반에서 생년지지가 입중한 상태에서 시반의 체가 흉살로 파괴되면, 문점 당시 체가 파괴된 현상이 당일로 확대된다. 즉, 시반에서 흉살로 체가 파괴되는 것이 입중 효과를 촉발하는 격발자 역할을 한다.

■ 입중의 표출과 역할

	시반의 체	일반의 체	월반의 체	입중의 표출과 역할
첫 번째 경우	off	on (생년지지가 입중)	off	몸에 활력이 없는 입중의 효과가 발현되어 시반 체의 파괴가 월반 체의 파괴까지 연결됨 & 문점 당시부터 당월 내내 아픔
두 번째 경우	off	on (생년지지가 입중하지 않음)	off	시반 체의 파괴가 월반 체의 파괴로 연결되지 않음 & 문점 당시만 몸상태가 약간 저조함
세 번째 경우	on	on (생년지지가 입중)	off	몸에 활력이 없는 입중의 효과가 눈에 띄게 표출되지 않음 & 몸이 아프지 않음

앞의 표에서 첫 번째 경우는 실전사례를 아래에 제시한다. 그러나 두 번째와 세 번째 경우는 앞에서 다룬 공망의 실전사례와 거의 비슷하므로 생략한다.

첫 번째 경우 : 입중의 효과가 발현되어 시반 체의 파괴가 월반 체의 파괴로 연결됨

실전사례

음둔 기간인 2009년 양력 7월 10일 오후 4시 40분 신시(申時)에 1928년 무진년(戊辰年) 생 여자에 대해서 문의 전화가 왔다. 이 여자는 폐암이 전이되어 투병중인데 암을 극복할 수 있겠냐는 내용이었다. 구성기학 명반의 예측대로, 같은 해 양력 8월 21일 사망했다고 다음 날 22일 새벽 0시 10분에 전화로 연락이 왔다.

■ 일시반

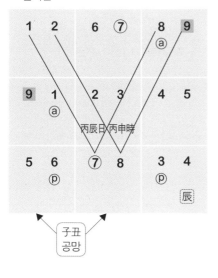

■ 연월반

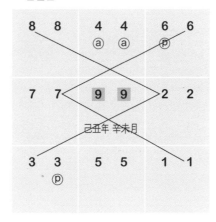

이 여자의 본명성이 구자화성(9)이므로, 체는 이궁이다. 따라서 건강상태를 해석하기 위해서는 이궁에 초점을 맞추어야 한다. 다음 그림에서 알 수 있듯이, 이 여자에 대해 문의한 시간대를 표시한 시반에서 이궁이 7대7 대충을 맞아 파괴되었다. 비록 일반 이궁은 온전하지만, 일반에서 생년지지 진(辰)이 입중한 상황에서(①) 월반과 연반의 이궁이 모두 암검살로 파괴되어 있다. 따라서 이 여자의 체인 이궁이 시반에서 흉살로 파괴된 것이, 일반에서 입중한 생년지지를 연결고리로 삼아 흉살로 파괴된 월반과 연반까지 확대되었다(②).

설상가상으로, 시반과 일반뿐만 월반과 연반까지 이궁에 삼합선이 지나지 않아서 구제책이 전혀 존재하지 않는다. 따라서 이 여자는 문점한 시간부터 당년 내내 질병이 지속되어서 생존하기가 어렵다.

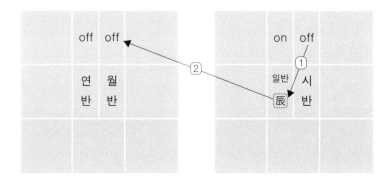

만약 이 여자와 같이 본명성이 9이면서 다음 그림에서 보듯이 생년지지인 축(丑) 또는 진(辰)이 입중하거나 술(戌)이 공망궁에 빠진 경우에는 시반 체의 파괴 효과가 월반과 연반까지 이어져 생존을 보장하기 어렵다.

단, 생년지지가 미(未)인 경우에는 공망궁에 빠지거나 입중하지 않아서 시반 체의 파괴 효과가 월반까지 연결되지 않는다. 따라서 문점 당시에만 몸 상태가 약간 저조할 뿐, 전혀 질병에 걸리지 않는다.

이처럼 본명성이 같아도 생년지지가 다르면 동일한 동적 사건이라도 규모나 지속시간 등에 차이가 난다. 참고로 생년지지는 12개이고 구성숫자는 9개이므로, 본명성이 9인 사람은 생년지지가 진(辰), 술(戌), 축(丑), 미(未) 중에서 하나가 된다. 9년마다 연구성이 같고, 1928년 무진년(戊辰年), 1937년 정축년(丁丑年), 1946년 병술년(丙戌年), 1955년 을미년(乙未年), 1964년 갑진년(甲辰年), 1973년 계축년(癸丑年), 1982년 임술년(壬戌年) 등 생년지지가 진(辰), 축(丑), 술(戌), 미(未) 네 가지가 반복되면서 본명성이 모두 9이기 때문이다.

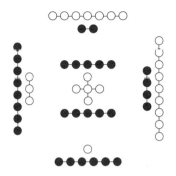

구성기학은 과학이다. 특히 시간은 공간을 알려주는 지표라는 시공간의 개념대로, 문점 대상이 위치한 공간을 연월일시의 시간으로 나타내는 구성기학 명반에서 문점 대상의 몸상태[체]가 어떤지, 그리고 문점 대상이 어떤 행동을 하는지[용]는 물리적 실체를 통해서 직관적으로 나타난다.

여기서 물리적 실체란 문점 대상인 사람이나 사물을 의미한다. 문점 대상, 즉 물리적 실체의 상태 변화가 구성기학 명반에서 어떻게 나타나는지를 추적하면 구성기학 운추론의 정확성을 증명할 수 있다.

예를 들어, 자동차의 차체가 교통사고로 파괴되면 자동차의 체에 해당하는 건궁이 흉살을 맞아 파괴된다. 또한 자동차가 시동이 걸려서 작동[체]을 잘하는데도 불구하고 중앙선을 넘어서 역주행[용]을 하는 경우 자동차의 체인 건궁은 온전하지만, 자동차의 용인 육백금성(6)은 흉살로 맞은 것으로 표시된다. 이렇게 구성기학의 원리와 사용법은 물리적 실체를 통해서 증명될 수 있다.

구성기학 운추론에서 물리적 실체를 표시하는 체와 용을 해석할 때에는 항상 용을 살펴보기 전에 체부터 먼저 살펴봐야 한다. 왜냐하면, 몸체가 잘 작동하고 건강해야만 그 몸체를 움직여 다른 행위를 할 수 있기 때문이다.

내가 병이 들어서 몸을 움직일 수 없으면 일을 할 수도 없고 사랑도 할 수 없으며 돈을 벌 수도 없다. 마찬가지로 자동차나 지하철의 시동이 켜져야만 순주행이든지 역주행이든지 할 수 있다. 이와 같은 이치는 추상적인 일상사에도 그대로 응용된다.

2
물리적 실체로 이해하기

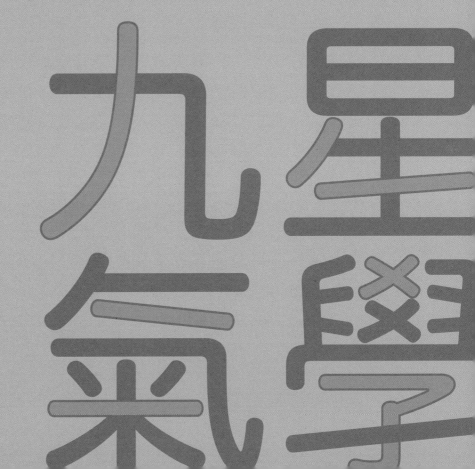

1 구성기학 운추론과 체용

구성기학은 과학이다. 특히 시간은 공간을 알려주는 지표라는 시공간의 개념대로, 문점 대상이 위치한 공간을 연월일시의 시간으로 나타내는 구성기학 명반에서 문점 대상의 몸상태[체]가 어떤지, 그리고 문점 대상이 어떤 행동을 하는지[용]는 물리적 실체를 통해서 직관적으로 나타난다. 여기서 물리적 실체란 문점 대상인 사람이나 사물을 의미한다. 문점 대상, 즉 물리적 실체의 상태 변화가 구성기학 명반에서 어떻게 나타나는지를 추적하면 구성기학 운추론의 정확성을 증명할 수 있다.

예를 들어, 자동차의 차체가 교통사고로 파괴되면 자동차의 체에 해당하는 건궁이 흉살을 맞아 파괴된다. 또한 자동차가 시동이 걸려서 작동[체]을 잘하는데도 불구하고 중앙선을 넘어서 역주행[용]을 하는 경우 자동차의 체인 건궁은 온전하지만, 자동차의 용인 육백금성(6)은 흉살로 맞은 것으로 표시된다. 이렇게 구성기학의 원리와 사용법은 물리적 실체를 통해서 증명될 수 있다. 또한 물리적 실체를 통해 구성기학의 정밀도와 정확도를 증명하는 작업은 구성기학을 과학으로 자리매김하는 의미가 있다.

구성기학 운추론에서 물리적 실체를 표시하는 체와 용을 해석할 때에는 항상 용을 살펴보기 전에 체부터 먼저 살펴봐야 한다. 왜냐하면, 몸체가 잘 작동하고 건강해야만 그 몸체를 움직여 다른 행위를 할 수 있기 때문이다. 내가 병이 들어서 몸을 움직일 수 없으면 일을 할 수도 없고 사랑도 할 수 없으며 돈을 벌 수도 없다. 마찬가지로 자동차나 지하철의 시동이 켜져야만 순주행이든지 역주행이든지 할 수 있다. 이와 같은 이치는 추상적인 일상사에도 그대로 응용된다.

예를 들어, 내가 발탁이 되려면 일단 인사명령권자의 체인 건궁이 켜져서 작동을 해야만 한다. 이렇게 인사명령권자의 몸체가 시동이 걸려서 작동해야 비로소 인사명령권자가 나한테 순주행을 하든지 역주행을 할 수 있다. 만약 인사명령권자의 체인 건궁이 흉살을 맞아 파괴된 경우에는 인사명령권자의 몸체가 아예 시동이 안 걸려서 작동하지 않는 상황이므로, 나한테 호의적인 태도(순주행)를 보일지 또는 나한테 악의적인 태도(역주행)을 보일지에 대한 추론은 더 이상 의미가 없다.

따라서 구성기학으로 발탁 여부를 추론할 경우, 인사명령권자의 체인 건궁이 흉살로 파괴되면 인사명령권자의 용인 육백금성(6)이 온전한지 또는 흉살로 파괴된 상태인지는 더 이상 따질 필요가 없다. 오직 인사명령권자의 체인 건궁이 온전한 경우에만 인사명령권자의 용인 육백금성(6)이 온전한지 또는 흉살로 파괴된 상태인지를 확인한다.

결론적으로 인사명령권자한테 발탁을 받으려면 먼저 인사명령권자의 체인 건궁도 온전한 상태여야 하고, 다음으로 인사명령권자의 용인 육백금성(6)도 온전한 상태여야 한다.

> ✔ **체용의 운추론 순서**
>
> 물리적 실체를 나타내는 체(궁)를 먼저 보고, 다음으로 그 체의 쓰임을 나타내는 용(구성숫자)을 해석한다. 이것은 체가 온전한 상태에서만 용이 활동할 수 있기 때문이다.

2부에서는 물리적 실체를 가진 여러 가지 사물을 통해서 운추론 방법을 직관적으로 이해하고 습득한다. 현대인의 일생생활에 꼭 필요한 휴대전화, 컴퓨터, 자동차 그리고 이들 사물과 관련된 문제는 물론, 주택경매나 매매계약 등의 관심사와 세계정세까지 구성기학 명반을 통해 추론해낼 수 있다. 주제별로 다양한 실전사례 분석을 통해 연월일시 구성반을 정확하게 읽고 사건의 인과관계를 추론하는 방법을 익힐 수 있을 것이다.

2 휴대전화와 그 안의 시계

물리적 실체를 가진 문점 대상, 그 첫 번째는 휴대전화와 그 안에 내장된 시계(여기서는 편의상 알람시계라고 한다)이다. 휴대전화는 전기, 전자 제품이다. 따라서 체는 진궁이고, 용은 삼벽목성(3)이다. 또한 시계의 체는 건궁이고, 용은 육백금성(6)이다.

■ 휴대전화와 알람시계의 체와 용

문점한 시간에 휴대전화가 작동하지 않거나 꺼져 있으면, 현재 상황을 표시하는 시반에서 휴대전화의 체인 진궁이 흉살을 맞아 파괴된다. 또한 문점한 시간에 휴대전화의 알람시계가 작동하지 않거나 꺼져 있을 때에도 현재 상황을 표시하는 시반에서 시계의 체인 건궁이 흉살을 맞아 파괴된다.

만약 휴대전화의 알람시계를 이용할 경우에는 먼저 휴대전화의 전원이 켜져서 제대로 작동하는지를 살펴보고, 그 다음으로 알람시계의 작동 여부를 살펴봐야 한다. 왜냐하면, 휴대전화 안에 시계가 들어 있으므로 휴대전화가 온전하게 작동하는 경우에만 시계의 작동 여부가 의미를 갖기 때문이다. 쉽게 말해서 휴대전화가 꺼져 있으면 시계가 이상 없이 잘 작동해도 알람이 울리지 않는다는 뜻이다.

위 내용을 바탕으로 휴대전화와 알람시계의 작동 여부에 따라 발생하는 경우의 수를 알아보면 다음 그림과 같다.

■ 휴대전화와 알람시계의 작동 여부

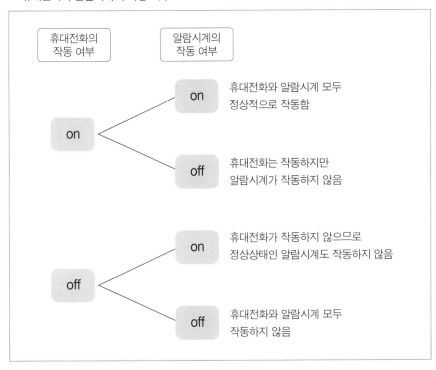

다음에 설명하는 실전사례 1은 휴대전화는 작동하지만 알람시계는 작동하지 않은 경우이고, 실전사례 2는 휴대전화와 알람시계 모두 작동하지 않은 경우이다.

휴대전화는 작동하지만 알람시계는 작동하지 않는 경우

음둔 기간인 2011년 양력 8월 15일 광복절 미시(未時)에 1972년 임자년(壬子年)생 남자가 구성기학 수업에 출석하지 않았다. 그래서 그 이유를 구성기학으로 먼저 추정하고, 나중에 추정한 내용을 확인해보니 실상은 다음과 같았다.

남자는 집에서 강의실까지 걸어서 10분 거리밖에 되지 않으므로 수업 시간인 오후 2시 이전에 울리도록 미리 휴대전화의 알람시계를 맞추어놓고 잠이 들었다. 그런데 제 시간에 알람시계가 울리자, 이 남자와 방을 함께 사용하는 스님이 광복절은 휴일이라서 수업이 없다고 착각하고 벨이 울리는 알람시계를 재빨리 꺼버렸다. 그 결과 이 남자는 계속 잠을 자다 구성기학 수업에 들어오지 못했다. 이 남자는 신시(申時)에 스스로 잠에서 깨어 구성기학 수업에 들어왔다.

■ 일시반

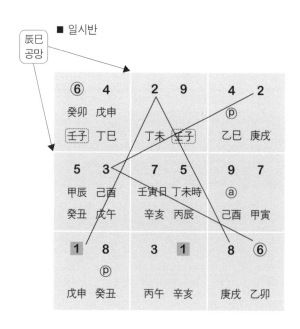

1) 체만 해석

현재 발생한 상황은 항상 시반에 정확하게 체와 용, 간지로 표시된다. 시반에서 휴대전화의 체인 진궁은 구성숫자 3을 담고 있는 상태로 흉살로 파괴되지 않았고, 금상첨화로 삼합선까지 지닌다. 따라서 문점 시간에 휴대전화는 정상적으로 작동한다.

그러나 시반에서 알람시계의 체인 건궁은 대충을 맞은 구성숫자 6에 의해 파괴된다. 다행히 삼합선이 지나므로 알람시계는 일단 작동하지 않았다가 다시 정상적으로 작동하게 된다. 여기에서 건궁을 파괴시킨 구성숫자 6은 윗사람 또는 스님을 의미한다. 구성숫자 6이 의미하는 시계, 윗사람, 스님 중에서 시계는 지능이 없어서 알람 기능을 스스로 해제시킬 수 없기 때문에 윗사람인 스님이 알람시계가 울릴 때 재빨리 알람 기능을 해제했다고 추론할 수 있다.

✔ 휴대전화와 알람시계의 체용

휴대전화는 전기전자 제품이므로 체는 진궁이고, 용은 3이다. 알람시계의 체는 건궁이고 용은 6이다. 운추론을 할 때는 체를 먼저 조사한 다음, 용을 위주로 체와 함께 해석한다.

2) 용을 위주로 체와 병행하여 해석

일반적으로 구성기학 운추론은 항상 체부터 해석한 후 용을 해석한다. 체만 해석하는 방법으로는 문점 대상의 작동 여부만 정확하면서도 간결하게 추론하고, 용을 위주로 체와 병행하여 해석하는 방법으로는 문점 대상의 작동 여부뿐만 아니라 운영 상태, 인과관계, 주변 상황 등을 자세하게 추론한다. 앞에서 휴대전화의 체가 온전함을 확인했으므로 이제 체용을 함께 보면서 그 쓰임을 조사한다.

다음 표는 추론에 필요한 구성 상의를 구궁에 대입하여 제시한 것이다.

■ 휴대전화의 알림시계에 필요한 구성 정의

		노동
휴대전화		
정지, 변화	보이지 않는다, 숨어 있다	스님, 윗사람, 시계

❶ 용의 해석 요령

일시반에서 시반은 문점한 순간이 포함된 상황을 표시하고, 일반은 시반이 포함된 전체 환경을 표시한다. 따라서 시반이 항상 주어가 되며, 동회한 일반의 구성숫자를 목적어나 부사어로 사용한다. 이처럼 일시반에서 시반이 주체가 되므로 용을 해석할 때에는 항상 첫 번째로 시반의 본명성을 주어로 삼아 동회한 구성숫자와 함께 해석하고, 두 번째로 일반의 본명성과 같은 궁에 들어 있는 시반의 구성숫자를 주어로 삼아 일반의 본명성을 목적어나 부사어로 해석한다.

❷ 용의 해석 실행

위에서 설명한 용의 해석 요령을 따라서 첫 번째로 시반의 본명성부터 해석한다. 시반 감궁에서 본명성 1은 일반의 구성숫자 3과 동회한다. 이것을 다음 문장처럼 해석할 수 있다. 문점한 시간에 본명성이 1인 이 남자는 본인 입장에서는 잘 작동하지 않는 휴대전화[일반의 3]와 함께 숨어서 보이지 않는다[감궁]. 문점한 시간에 일반의 3이 이 남자 입장에서는 잘 작동하지 않는 휴대전화인 이유는, 일반 감궁에 위치한 3의 체인 진궁이 오황살을 맞아 스스로 썩어 있기 때문이다.

그러나 문점한 시간에 나와의 관계를 떠난 휴대전화는 잘 작동한다. 왜냐하면, 앞서 체만 해석할 때 알아본 것처럼 시반에서 휴대전화의 체인 진궁이 온전하기 때문이다.

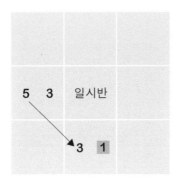

다음으로 일반의 본명성을 해석한다. 시반 간궁에서 파살을 맞은 8은 일반의 본명성 1과 동회한다. 이것을 다음 문장처럼 해석할 수 있다. 문점한 시간에 노동으로 쌓인 피로[시반의 파살을 맞은 8]는 이 남자[일반의 본명성 1]를 잠자게 만든다[간궁].

시반 간궁에서 파살을 맞은 8을 노동으로 쌓인 피로로 해석하는 이유는, 일반적으로 8의 구성 상의는 쌓인 것인데 이 쌓인 것이 곤궁에서 노동을 의미하는 2로부터 파살을 맞았기 때문이다.

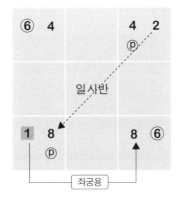

또한 간궁은 주로 전직하다, 변하다, 정지하다, 정체하다 등의 의미인데, 여기서는 잠자다로 해석된다. 그 이유는 다음 그림처럼 일반에서 내부공간을 표시하는 생년지지 자(子)가 진사(辰巳) 공망의 시공간 좌표가 속한 손궁에 위치하기 때문이다.

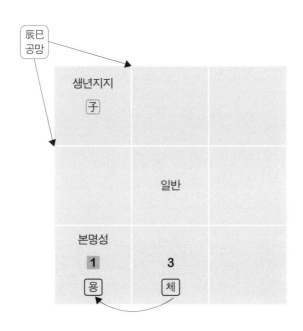

좀더 쉽게 설명하면, 이 1972년 임자년(壬子年)생 남자의 체는 온전하지만, 내부공간이 공망궁에 빠졌기 때문에 활력이 전혀 없다. 실제로 잠자던 중이라 이 남자의 체는 온전하지만 내부공간, 즉 몸에 힘이 전혀 없었던 상황을 일반에서 잘 보여주고 있다. 만약 본명성의 체가 흉살로 파괴된 상태에서 생년지지가 공망궁에 위치하면, 몸상태[체]가 나빠서 몸 안의 내부공간[생년지지]이 전혀 힘을 쓰지 못하게 된다[공망].

　일반의 본명성을 해석하는 것은 위의 절차까지만 해도 충분하다. 그러나 다음과 같이 더욱 자세하게 해석할 수도 있다. 일반에서 간궁에 위치한 본명성 1의 좌궁용 8은 윗사람인 스님을 상징하는 건궁에 들어가 있다. 이것은 이 남자가 피로해서 잠드는 결과가 스님의 체 안에 위치하여 스님을 조종한다는 의미다. 연쇄적으로 일반 건궁의 8이 조종하는 6은 손궁에 위치하는데, 일시반에서 6대6 대충을 일으켜서 시반 건궁을 파괴시켜 알람시계의 기능을 해제시켜버렸다. 즉, 피로 때문에 이 남자가 잠자는 결과[일반 건궁의 8]는 스님[일반 손궁의 6]을 조종하여 스님이 스스로 알람시계의 울림 기능을 해제하게 만들었다[일시반의 6대6 대충].

3) 공간 계층구조를 이용한 입체적인 해석

일시반에서 주어가 되는 시반의 본명성 1은 3과 함께 감궁에 위치한다. 이 남자[시반의 1]는 작동하지 않는[일반에서 오황살로 파괴된 진궁] 휴대전화[일반의 3]와 함께 보이지 않는다[감궁]. 여기에서 휴대전화의 내부공간을 표시하는 생년지지 묘(卯)는 현재 건궁에 들어가 있다(p.80 하단 그림의 ①).

　이 휴대전화의 생년지지 묘(卯)를 공간 계층구조를 사용하여 해석하면 다음과 같다. 묘[卯, 휴대전화의 내부공간]에 건궁[알람시계]이 담겨 있고, 건궁에는 대충을 맞은 6[스님]이 담겨 있다. 이러한 공간 계층구조는 휴대전화의 내부공간에 존재하는 알람시계기 스님에 의해서 작동이 멈추었음을 알려준다.

■ 시반 건궁의 공간 계층구조

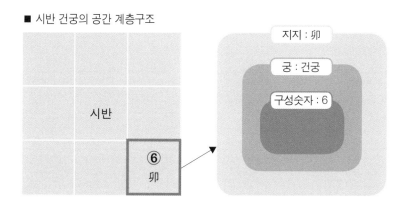

공간 계층구조를 이용한 해석이 올바른지 판단하려면 알람시계의 내부공간을 표시하는 건궁의 생년지지 술(戌) 또는 해(亥)를 추적한다. 다음 그림과 같이 알람시계의 생년지지 해(亥)는 이 남자의 체인 감궁을 담고 있다(p.80 하단 그림의 ②).

■ 시반 감궁의 공간 계층구조

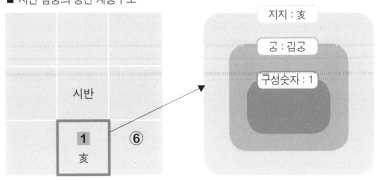

이것은 작동하지 않는[6대6 대충으로 깨진] 알람시계[건궁]의 내부공간[해(亥)]에서 이 남자의 몸체[감궁]가 조종당함을 의미한다. 또한 이렇게 작동하지 않는 알람시계에 의해서 몸체가 조종당하는 이 남자[시반의 본명성 1]는 작동하지 않는[오황살로 작동하지 않는 진궁] 휴대전화[일반의 3]와 함께 보이지 않는다[감궁]. 이후는 p.79에서 설명한 생년지지 묘(卯)를 이용한 공간 계층구조의 해석을 참조한다.

지금까지 알아본 것처럼 휴대전화의 구성숫자 3과 생년지지 묘(卯), 그리고 알람시계의 체인 건궁과 생년지지 해(亥)의 순환구조는 공간 계층구조를 이용한 해석이 아주 정확함을 보여주는 증거이다.

■ 공간 계층구조를 이용한 휴대전화와 알람시계의 순환구조

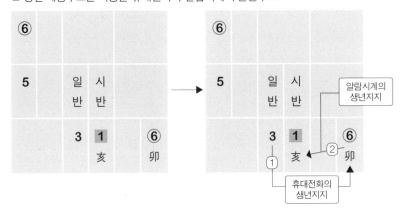

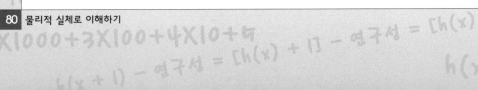

휴대전화와 알람시계가 모두 작동하지 않는 경우

양둔 기간인 2011년 양력 5월 5일 어린이날 사시(巳時)에 1971년 신해년(辛亥年)생 남자가 구성기학 수업에 출석하지 않았다. 그래서 그 이유를 구성기학으로 미리 추정한 다음 사실을 확인해보니 실상은 다음과 같았다.

　이 남자는 구성기학 수업에 출석하기 위해서 전날 휴대전화의 알람시계를 미리 설정해놓았다. 그러나 당일 새벽에 배터리가 방전되어 휴대전화가 저절로 꺼졌고, 설정된 시간에 휴대전화의 알람시계도 울리지 않았다.

■ 일시반

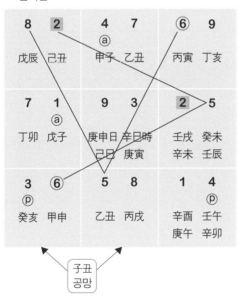

1) 체만 해석

시반에서 휴대전화의 체인 진궁이 암검살로 파괴되어 있으므로 문점한 시간에 휴대전화가 꺼져 있음을 알 수 있다. 또한 시반에서 알람시계의 체인 건궁도 파살로 파괴되어서 작동하지 않음을 알 수 있다. 그러나 일반에서는 진궁이 흉살로 파괴되지 않았으므로 휴대전화가 문점 당일 내내 꺼져 있는 것은 아니다.

참고로 일반 건궁에 들어간 구성숫자 1을 오리무중이라고 해석한다. 일백수성(1)은 물인데, 건궁에 물이 차서 보이지 않으므로 오리무중이라고 한다.

2) 용을 위주로 체와 병행해서 해석

용의 해석 순서에 따라 첫 번째로 시반의 본명성부터 해석한다. 다음 그림에서 보듯이, 시반 손궁에서 본명성 2는 일반의 구성숫자 8과 동회한다. 이것을 다음 문장처럼 해석할 수 있다. 문점한 시간에 본명성이 2인 이 남자는 잠[일반의 8]과 함께 거래를 하고 있다[손궁].

일반에서 손궁의 8은 변화 또는 정지의 의미인데 여기서는 정지의 의미로 해석하여 잠이 되었다. 왜냐하면, 일반에서 8의 체인 간궁이 파살을 맞아 파괴되었기 때문이다. 만약 간궁이 파살로 파괴되지 않았다면 일반에서 손궁의 8은 변화로 해석해야 한다.

또한 일반에서 간궁은 파살로 파괴된 상태에서 휴대전화를 상징하는 3을 포함하고 있으므로, 일반에서 손궁의 8은 잘못 운영되는 휴대전화에게 조종당하는 잠으로 해석한다.

시반의 본명성은 다음 그림처럼 더욱 자세히 해석할 수 있다. 시반 손궁에서 잠과 거래한 본명성 2는 알람시계의 체인 건궁을 파살로 파괴시킨다. 따라서 알람시계는 이 남자의 잘못으로 작동하지 않는 것이다.

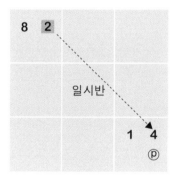

시반의 본명성을 해석한 후에는 일반의 본명성을 해석한다. 시반 태궁에서 오황살 5는 일반의 본명성 2와 동회한다. 이것을 다음 문장처럼 해석할 수 있다. 문점한 시간에 휴대전화를 작동하지 못하게[암검살을 맞은 진궁] 망가뜨리는 하자품[시반의 5]이 이 남자[일반의 본명성 2]를 강탈한다[태궁].

　여기에서 주어는 시반 태궁의 5이다. 이것을 휴대전화를 작동하지 못하게 망가뜨리는 하자품으로 해석하는 이유는 다음 그림에서 보듯이 시반 태궁의 5가 오황살로 작용하여 휴대전화의 체인 진궁을 암검살로 파괴시키기 때문이다.

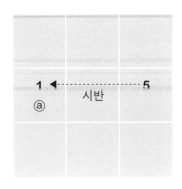

또한 태궁은 주로 돈을 벌다, 유흥하다, 연애하다, 강탈당하다 등의 의미를 갖는데, 이 명반에서는 강탈당하다라는 서술어로 해석된다. 그 이유는 다음 그림처럼 일반에서 내부공간을 표시하는 생년지지 해(亥)가 자축(子丑) 공망의 시공간 좌표가 속한 간궁에 위치하기 때문이다.

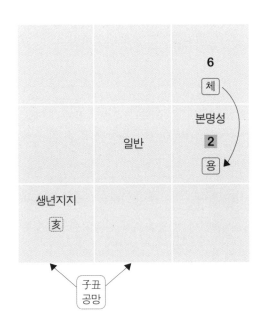

다시 말해서, 문점 대상인 1971년 신해년(辛亥年)생 남자의 내부공간이 블랙홀 역할을 하는 공망궁에 빠져서 활력이 전혀 없었기 때문이다. 실제로 잠자던 중이라 이 남자의 내부공간, 즉 몸에 힘이 전혀 없었던 상황을 일반에서 잘 보여주고 있다. 만약 본명성의 체가 흉살로 파괴된 상황에서 생년지지가 공망궁에 위치하면, 몸의 건강상태[체]가 나빠서 몸 안의 내부 상태[생년지지]가 전혀 힘이 없다[공망].

시반과 일반의 본명성을 해석하는 것은 위의 절차까지만 해도 충분하다. 그러나 다음과 같이 더욱 자세하게 해석할 수도 있다.

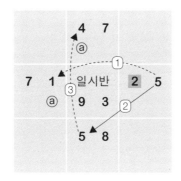

위 그림에서 문점한 시간에 휴대전화를 작동하지 못하게 만드는 시반 태궁의 오황살은(①) 일반에서는 감궁에 위치하여(②) 배터리를 상징하는 이궁을 암검살로 파괴시킨다(③).

　또한 시반과 일반에서 암검살로 파괴되어 작동하지 않는 휴대전화와 배터리의 쓰임은 모두 중궁에 [시반 3·일반 9]로 표시된다. 따라서 문점 당시에는 시반이 주어가 되고 일반이 부사어 또는 목적어가 되므로, 중궁의 상황을 다음 문장처럼 해석할 수 있다. 작동하지 않는 휴대전화[중궁 시반의 3]가 작동하지 않는 배터리[중궁 일반의 9]와 함께 사면초가에 빠졌다[중궁]. 이처럼 구성기학에서 동적 사건이 주로 암검살에 의해 발생하는 경우에는 중궁에 위치한 구성숫자가 동적 사건의 원인이 된다.

3) 공간 계층구조를 이용한 입체적인 해석

시반에서 주어가 되는 시반의 본명성 2는 손궁에 위치하여 마주보는 건궁을 파살로 파괴시킨다(p.87 하단 그림의 ①). 이것은 이 남자[2]가 시계[건궁]를 작동하지 않도록[파살] 만들었음을 알려준다.

여기에서 건궁은 다음 그림처럼 공간 계층구조에 의해 휴대전화의 생년지지인 묘(卯)에 담겨 있다. 따라서 작동하지 않는 시계는 휴대전화의 내부공간에 존재하는 알람시계임을 알 수 있다(p.87 하단 그림의 ②). 연속하여 휴대전화의 체인 시반 진궁을 살펴보면 암검살로 파괴되어 휴대전화가 작동하지 않는 상태임을 알 수 있다.

■ 시반 건궁의 공간 계층구조

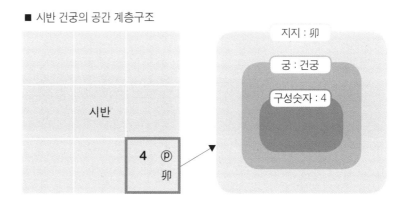

공간 계층구조를 이용한 해석이 올바른지 평가하기 위해서는 알람시계의 내부공간을 표시하는 건궁의 생년지지인 술(戌) 또는 해(亥)를 추적한다.

다음 그림과 같이 알람시계의 생년지지인 해(亥)는 이 남자의 체에 해당하는 곤궁을 담고 있다(p.87 하단 그림의 ③). 이것은 작동하지 않는[파살로 깨진] 알람시계[건궁]의 내부공간[亥]에서 이 남자의 몸체[곤궁]가 조종당하고 있음을 의미한다. 또한 이렇게 작동하지 않는 알람시계에 의해서 몸체가 조종당하는 이 남자[시반의 본명성 2]는 손궁에서 알람시계[건궁]를 작동하지 않게[파살] 만들고 있다.

이후는 앞에서 설명한 바와 같이 공간 계층구조에 의해서 시계[건궁]가 휴대전화[卯]에 담겨져 있다는 해석이 되풀이된다.

■ 시반 곤궁의 공간 계층구조

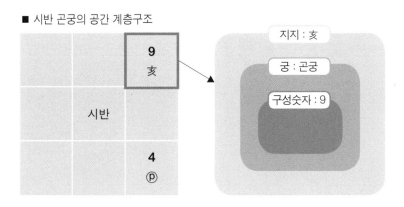

지금까지 알아본 바와 같이, 알람시계의 체인 건궁과 생년지지인 해(亥), 그리고 휴대
전화의 체인 진궁과 생년지지인 묘(卯)의 순환구조는 공간 계층구조를 이용한 해석이
아주 정확함을 보여준다.

■ 공간 계층구조를 이용한 휴대전화와 알람시계의 순환구조

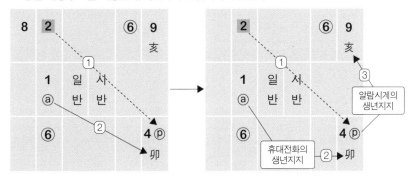

3 컴퓨터와 문서 파일, 주변기기

여기에서는 또 하나의 생활필수품인 컴퓨터와 관련하여 벌어지는 문제들을 다룬다. 컴퓨터에 대한 관련 상수는 다음과 같이 다양한 양상으로 나타난다.

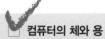

컴퓨터의 체와 용

컴퓨터의 작동 여부는 진궁과 구성숫자 3, 문서 파일이나 응용 프로그램 등은 이궁과 구성숫자 9, 컴퓨터 하드디스크는 건궁과 구성숫자 6, 전원공급 어댑터는 간궁과 구성숫자 8을 조사한다.

① 일반적인 컴퓨터의 체는 진궁이고, 용은 삼벽목성(3)이다. 특히 진궁은 전기와 전자를 상징하므로, 전원이 켜지고 꺼지는 작동 여부에 맞추어 컴퓨터의 체를 볼 때 진궁을 사용한다.

② 컴퓨터에서 사용하는 소프트웨어의 일종인 문서 파일이나 응용 프로그램의 체는 이궁이고, 용은 구자화성(9)이다.

③ 컴퓨터 하드디스크의 체는 건궁이고, 용은 육백금성(6)이다. 왜냐하면, 컴퓨터에서 하드디스크는 수뇌부에 해당하는데 구궁 중에서 건궁이 수뇌부, 우두머리, 하늘, 중앙정부 등을 의미하기 때문이다.

④ 컴퓨터에 연결하여 사용하는 주변기기인 전원공급 어댑터(adapter)의 체는 간궁이고, 용은 팔백토성(8)이다. 왜냐하면, 연결된 것을 상징하는 구성숫자가 팔백토성이기 때문이다.

■ 컴퓨터와 문서 파일, 주변기기의 작업의 체와 용

	문서 파일, 응용 프로그램	
컴퓨터 (본체 포함)		
어댑터		하드디스크

문점한 시간에 컴퓨터가 다운되어 재부팅되지 않거나 아예 전원이 켜지지 않으면, 현재 상황을 표시하는 시반에서 컴퓨터의 체인 진궁이 흉살로 파괴된다.

또한 컴퓨터가 다운되어 작동하지 않으면 크게 두 가지를 유의해야 한다.

첫째는 하드디스크에 저장중이거나 작업중이던 문서 파일이나 응용 프로그램을 조사한다. 만약 컴퓨터가 다운되면서 문서 파일이나 응용 프로그램까지 파손되면 현재 상황을 표시하는 시반에서 문서 파일과 응용 프로그램의 체인 이궁이 흉살로 파괴된다.

둘째는 하드디스크를 조사한다. 만약 컴퓨터가 다운되면서 하드디스크까지 손상되면 하드디스크의 체인 건궁이 흉살로 파괴된다.

한편, 컴퓨터 관련 문제에서 위 경우와 달리 컴퓨터의 주변기기가 작동하지 않을 때도 있다. 만약 전원공급 어댑터가 갑자기 작동하지 않으면 컴퓨터에 연결하는 주변기기의 체인 간궁이 흉살로 파괴된다.

여기에 컴퓨터까지 같이 고장나면 컴퓨터의 체에 해당하는 진궁까지 흉살로 파괴된다. 다행스럽게도 컴퓨터는 고장나지 않았다면, 컴퓨터의 체에 해당하는 진궁은 흉살로 파괴되지 않고 정상적인 상태로 명반에 표시된다.

컴퓨터가 고장나면서 다운된 한글 파일의 복구 여부

양둔 기간인 2011년 양력 5월 23일 0시 20분 자시(子時)에 1977년생 남자가 컴퓨터로 문서 작업을 하던 중 컴퓨터가 갑자기 다운되어 부팅되지 않았다. 그 순간 가장 걱정했던 것은 정성들여 쓰고 있던 논문 파일이 안전하게 저장되었는지의 여부였다. 그래서 논문 파일이 잘 저장되었는지, 그리고 복구할 수 있는지를 구성기학으로 다음처럼 예측하였다.

■ 일시반

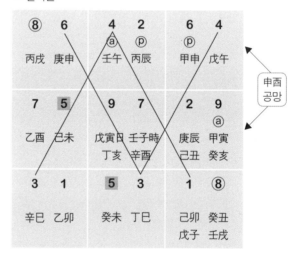

■ 월일반

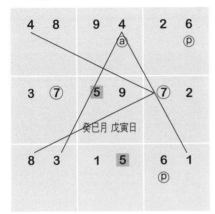

■ 연월반

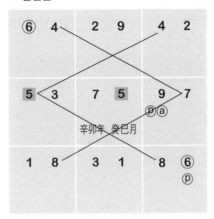

■ 문점한 다음 날의 월일반

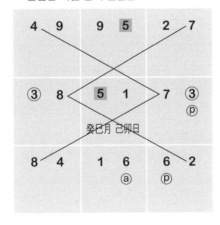

1) 체만 해석

❶ 컴퓨터의 고장 원인

시반에서 컴퓨터의 체인 진궁이 오황살로 파괴되었으므로, 문점한 시간에 컴퓨터가 저절로 다운되었음을 확인할 수 있다. 컴퓨터가 저절로 다운된 이유는 시반 진궁이 스스로 썩는 흉살인 오황살로 파괴되었기 때문이다. 다행히 일반 진궁은 다음 그림처럼 흉살로 파괴되지 않고 온전하므로 전원 장치에는 별 이상이 없다.

그럼에도 불구하고 컴퓨터가 작동하지 않은 이유는 다음 그림처럼 하드디스크가 완전히 파손되었기 때문이다. 이런 사실은 구성기학의 일시반과 월반을 통해서 유추할 수 있다. 하드디스크의 작동 여부를 알려면 하드디스크의 체인 건궁을 보는데 시반에서 8대8 대충으로 파괴되었다. 따라서 컴퓨터가 다운되었을 때 하드디스크도 작동하지 않았다.

　　그러나 일반 건궁에는 썩은 물[체인 감궁이 오황살을 맞은 1]이 들어와 있지만, 흉살로 파괴되지 않아서 작동을 한다. 이처럼 일반 건궁은 작동을 할 수 있음에도 불구하고 왜 하드디스크가 완전히 파손된 것일까?

■ 일시반

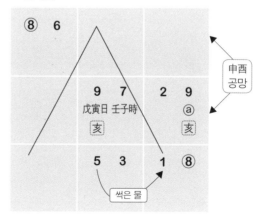

■ 일시반에서 건궁의 상태

■ 연월반에서 건궁의 상태

그 이유는 하드디스크의 체인 건궁이 가지는 공간 좌표인 술(戌)과 해(亥) 중에서 해
(亥)가 일반에서 입중했기 때문이다. 다시 말해서, 하드디스크의 생년지지인 해(亥)가
일반에서 입중하여 태생적으로 하드디스크가 위치한 공간인 해(亥)가 중궁의 의미인
썩음과 죽음으로 가득 차버린 것이다.

이렇게 하드디스크가 위치한 공간이 썩음과 죽음으로 가득 차 있는데 시반에서 파
손되어 면역체계가 무너진 하드디스크가 노출되면, 일반에서 건궁이 온전해도 시반
건궁의 파손된 상태가 당일까지 지속된다. 심지어 연월반에서 월반 건궁까지 6대6 대
충과 파살을 맞아 크게 파괴되었기 때문에, 컴퓨터가 다운되는 동시에 작동하지 않던
하드디스크는 당일은 물론 당월까지 작동할 수 없을 정도로 크게 파손되었다.

실제로 문점한 시간부터 아침까지 컴퓨터가 작동하지 않아서 당일 아침에 컴퓨터
수리를 맡겼는데, 검사 결과 하드디스크가 완전히 파괴되어 있었다. 따라서 하드디스
크를 비롯한 본체를 아예 AS센터로 가져가서 하드디스크 자체를 바꾸고, 다음 날 수
리하여 작동이 잘 되는 본체를 집으로 가져왔다.

❷ 한글 파일의 복구 여부
문점에서 다음으로 중요한 질문, 즉 작업중이던 논문 파일의 복구 여부를 체를 통해
서 알아본다.

다음 그림에서 보듯이, 시반에서 한글 파일의 체인 이궁이 파살로 파괴되어 있으므로(①), 외부 충격에 의해 파일의 몸체 자체가 파괴되었다고 추론할 수 있다. 특히 고장나서[진궁의 5] 활동력이 숨어버린(②) 컴퓨터[감궁의 3]에 의해 문서 파일의 몸체가 파괴된 것도 알 수 있다. 이런 상황에서 이궁에 삼합선이 지나지 않으므로 문점 시간에는 파일의 몸체를 회복하기 어렵다.

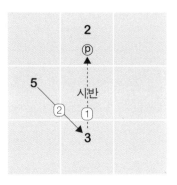

이제 파일이 파괴되는 기간을 추정하기 위해서 일반 이궁을 조사한다. 일반에서도 이궁이 암검살로 파괴되어 있다. 따라서 문점 시간에 파괴된 파일은 문점 당일 내내 파괴된 상태로 존재한다. 심지어 문점한 다음 날의 일반 이궁도 오황살에 의해 파괴되므로, 다음 날까지도 파일은 파괴된 상태로 존재한다.

　그러나 문점한 당일의 일반 이궁에 삼합선이 지나므로, 문점한 당일에 파일을 복구할 수 있는 수습책이 실행된다. 다행스럽게도 명반의 암시대로 수리공이 여러 가지 파일 중에서 논문 파일만 당일에 복구하였다.

■ 문점 당일 시반

off

시반

■ 문점 당일을 포함한 월일반

on off
수습

월일반

■ 문점 다음 날의 월일반

on off

월일반

2) 용을 위주로 체와 병행하여 해석

문점 내용에 대한 답은 앞에서 설명한 것처럼 체만 해석하여 구할 수 있지만, 구성기학의 원리를 좀더 상세하게 파악하기 위해 용을 위주로 해석하는 방법을 제시한다. 이어지는 내용을 이해하기 어려운 독자는 이 부분을 건너뛰어도 무방하다.

내방점사는 문점 대상인 사람의 현재 상황을 추론하는 단서를 잡기 위해 본명성을 시작점으로 삼아 명반을 해석한다. 그 다음에는 시반 위주로 흉살로 파괴된 궁들 중에서 전월과 당월의 월반까지 확대되어 파괴된 궁을 찾는다. 이렇게 월반까지 확대되어 파괴된 궁이 큰 동적 사건과 문제 상황을 표시한다.

의문점사는 의문 사항에 해당하는 관련 상수를 시작점으로 삼아 명반을 해석한다.

이번 사례는 본인이 아닌 컴퓨터와 파일에 대한 문섬이므로 의문짐사에 해당힌다. 따라서 관련 상수부터 해석을 시작한다.

앞의 휴대전화와 알람시계의 경우처럼, 컴퓨터가 꺼지거나 고장나면 문서 파일도 사용할 수 없으므로 문서 파일은 컴퓨터에 종속된다. 따라서 컴퓨터늘 먼서 해식하고, 다음으로 문서 파일을 해석한다.

❶ 컴퓨터의 용

컴퓨터의 용인 구성숫자 3을 위주로 명반을 해석하되, 용의 해석 순서에 따라 먼저 시반의 3부터 해석한다.

시반 감궁에서 컴퓨터의 용인 3은 일반의 구성숫자 5와 동회한다. 이것을 다음 문장처럼 해석할 수 있다. 문점한 시간에 고장난(①) 컴퓨터[시반의 3]는 문서 파일의 몸체를 파괴시키는 역할(②)을 하는 하자품[일반의 5]과 함께 기능이 멈추어버렸다[감궁]. 여기에서 시반 진궁을 파괴시킨 오황살은 마주보는 태궁에 위치한 문서 파일의 쓰임을 상징하는 구성숫자 9까지 암검살로 파괴시킨다(③). 또한 일반의 5가 문서 파일의 몸체를 파괴시키는 역할을 하는 하자품이 된 이유는 일반 이궁을 암검살로 파괴시키기 때문이다(②).

시반 감궁의 3에 대해 좀더 알아보면, 시반에서 체가 오황살로 파괴된(①) 감궁의 3은

문서 파일의 체인 이궁을 파살로 파괴시킨다(④). 이것은 문점한 시간에 고장난(①) 컴퓨터에 의해서도 문서 파일의 몸체가 파괴되었음을(④) 의미한다.

용의 해석 순서에 따라 다음으로 일반의 3을 해석한다. 간궁에서 시반의 1은 컴퓨터의 쓰임을 표시하는 일반의 3과 동회한다. 이것을 다음 문장처럼 해석할 수 있다. 문점한 시간에 고장난 컴퓨터가 기능이 멎음[시반의 1]에 따라 컴퓨터의 쓰임[일반의 3]이 생사가 교차하여 죽는다[간궁].

여기에서 주어인 시반 간궁의 1이 고장난 컴퓨터 기능이 멈춤으로 해석된 이유는 다음 그림처럼 시반 간궁의 1이 시반 감궁 3의 좌궁용이기 때문이다(①). 또한 일반 간궁에 위치한 3의 좌궁용이 일반 손궁의 8이 되면서(②), 동시에 8대8 대충으로 하드디스크를 의미하는 건궁을 파괴시킨다(③). 이것은 컴퓨터가 다운된 결과로 하드디스크가 망진 것을 의미한다.

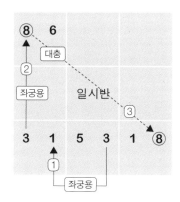

❷ 문서 파일의 용

컴퓨터의 용을 해석한 후에는 문서 파일의 용인 구성숫자 9를 위주로 명반을 해석하되, 용의 해석 순서를 따라 먼저 시반의 9부터 해석한다.

시반 태궁에서 문서 파일의 용인 9는 일반의 구성숫자 2와 동회한다. 이것을 다음 문장처럼 해석할 수 있다. 문점한 시간에 작동하지 않는(①) 문서 파일[시반의 9]은 노력[일반의 2]과 함께 컴퓨터의 하자[진궁의 오황살]에 의해 강탈당했다[태궁](②).

여기에서 노력[일반 태궁의 2]은 컴퓨터에 의해[일반 간궁의 3] 작동하지 않는[일반 곤궁의 파살](③) 상태에 처해 있다(④).

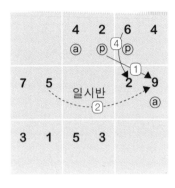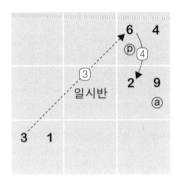

용의 해석 순서를 따라 다음으로 일반의 9를 해석한다. 중궁에서 시반의 7은 일반의 9와 동회한다. 이것을 다음 문장처럼 해석할 수 있다. 컴퓨터를 고장나게 만든 하자품[시반 진궁의 오황살]에 의해 일어난 문서 파일의 강탈[시반 중궁의 7]은① 작동하지 않는[암검살을 맞은 일반 이궁](②) 문서 파일의 쓰임[일반 중궁의 9]과 함께 사면초가에 빠졌다[중궁].

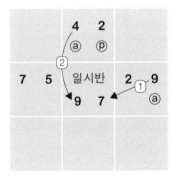

만약 중궁의 구성숫자만으로 이 사건의 정황을 파악하려면, 오황살과 암검살을 맞은 궁을 체로 삼아 해석하면 단서를 찾을 수 있다.

시반 중궁의 구성숫자는 7이고, 이것은 7의 체인 태궁이 암검살을 맞는 것을 의미하는 동시에, 태궁을 마주보고 있는 진궁이 오황살로 파괴되는 것도 알려준다. 따라서 태궁이 상징하는 돈 문제가 발생하거나, 진궁이 상징하는 컴퓨터가 작동하지 않을 수 있다. 이 사건은 진궁이 오황살로 파괴되어 컴퓨터가 스스로 다운된 경우이다.

또한 일반 중궁의 구성숫자는 9이고, 이것은 9의 체인 이궁이 암검살을 맞는 것을 의미하는 동시에, 이궁을 마주보고 있는 감궁이 오황살로 파괴되는 것도 알려준다. 따라서 이궁이 상징하는 문서 문제가 생기거나, 감궁이 상징하는 자식이나 생식기 문제가 발생할 수 있다. 이 사건은 이궁이 상징하는 문서 문제에 해당하는데, 그 이유는 감궁보다는 이궁에 대한 문제임을 유추할 수 있는 결정적인 단서가 존재하기 때문이다. 그 단서는 현재 상황을 보여주는 시반에서 이궁이 파살을 맞아 파괴되었는데, 이 파살이 감궁에 존재하는 3에서 출발한다는 점이다. 또한 시반 감궁에 컴퓨터의 쓰임을 상징하는 3이 존재하는데, 이 3의 체인 진궁이 오황살로 파괴된 점도 단서가 된다.

종합해서 해석하면, 문점 당시에 작동하지 않는[시반 진궁의 오황살] 컴퓨터에 의해[시반 감궁의 3] 문서 파일이 작동하지 않음[시반의 파살을 맞은 이궁]을 유추할 수 있고, 이런 상황이 일반의 암검살을 맞은 이궁까지 확대되어 문점 당일 내내 문서 파일이 작동하지 않았다고 결론을 내릴 수 있다. 따라서 감궁보다는 이궁에 대한 문제임을 확실히 알 수 있다.

3) 체 → 용 → 생년지지의 순차적 해석

만약 아무 것도 묻지 않고 문점자의 현재 상황을 추론하는 내방점이라면 이번 사례는 다음 순서대로 해석한다.

■ 컴퓨터의 고장 해석 순서

구성기학에서 운추론은 항상 시반부터 시작한다. 시반은 현재 상황을 보여주는 도표인 동시에 시간 계층구조의 출발점이기 때문이다.

시반에서 컴퓨터의 체인 진궁부터 살펴보면 다음 그림처럼 오황살을 맞아 파괴되었다. 이것은 현재 컴퓨터가 내부적인 문제[오황살] 때문에 작동하지 않음을 보여준다.

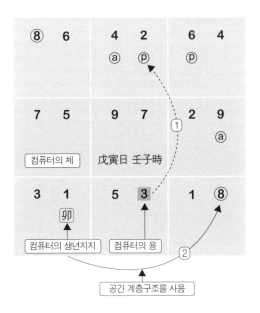

다음 순서로 컴퓨터의 용을 살펴본다. 앞의 그림을 보면 시반에서 컴퓨터의 용인 삼벽목성(3)은 감궁에 들어가 있으면서 한글 파일의 체인 이궁을 파살로 파괴시키고 있다(①). 이것은 작동하지 않는[시반 진궁의 5] 컴퓨터가 어려움에 처하면서[감궁] 동시에 한글 파일[시반 이궁]을 작동하지 않게 만들었음을 알려준다.

컴퓨터의 체와 용에 이어서 마지막으로 컴퓨터의 생년지지인 묘(卯)를 살펴본다. 앞의 그림을 보면 시반에서 묘(卯)는 간궁에 들어가 있다. 또한 간궁의 용인 팔백토성(8)이(②) 대충으로 깨져서 시반 건궁을 파괴시키고 있다.

이런 현상을 공간 계층구조를 사용하여 다음과 같이 해석한다. 컴퓨터의 내부공간 중에서 간궁이 상징하는 전원공급 어댑터와 같은 주변기기가 정상적으로 작동은 하지만[시반 간궁이 온전], 운용이 잘못되어[8대8 대충] 컴퓨터의 하드디스크[시반 건궁]를 파괴시켰다.

■ 시반 간궁의 공간 계층구조

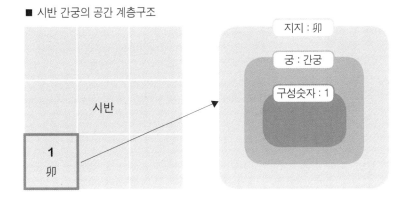

노트북 전원 어댑터의 고장과 노트북의 정상 작동 여부

음둔 기간인 2011년 양력 11월 2일 14시 54분 미시(未時)에 1970년생 남자로부터 본인이 사용하던 노트북의 전원 어댑터가 고장났다고 전화가 왔다. 문점 내용은 노트북까지 고장났는지 또는 어댑터만 고장인지의 판단 여부이다.

이 남자는 어댑터를 바꿔 끼워 노트북이 정상으로 작동하면 홍대 입구에 위치한 자신의 사업장에서 용산전자상가까지 어댑터를 사러 가려고 한다. 만약 노트북까지 고장난 경우에는 정릉에 있는 본인 집에 가서 예비용 노트북을 가져오려는 계획이다. 따라서 노트북의 고장 여부를 판단하는 것이 매우 중요한데, 구성기학으로 다음과 같이 예측하였다.

■ 일시반

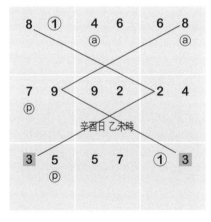

■ 월일반

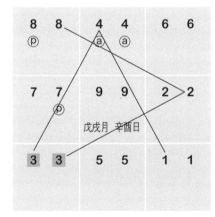

❶ 어댑터의 상황

먼저 어댑터의 상황부터 살펴보면, 시반에서 어댑터의 체에 해당하는 간궁이 오황살과 파살로 파괴되어 있다. 이로 미루어 문점한 시간에 어댑터가 오래 되어 저절로 고장난 상태임을 확인할 수 있다.

여기에서 어댑터가 오래되어 저절로 고장났다고 해석하는 이유는 시반에서 간궁이 스스로 썩는 흉살인 오황살과 곤궁으로부터 도출된 파살을 맞아 파괴되었는데, 곤궁에는 오래 되고 쌓인 것을 의미하는 구성숫자 8이 있기 때문이다. 특히 오황살과 파살이 동시에 시반 간궁을 파괴시켰기 때문에 어댑터의 피해 정도가 매우 커졌다.

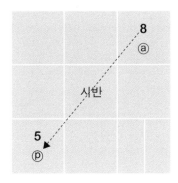

이처럼 2개 이상의 흉살이 작용하면 파괴되는 정도와 피해 규모가 매우 커진다. 그러나 다행스럽게도 월일반에서는 간궁이 흉살로 파괴되지 않고 모두 온전하면서 금상첨화로 삼합선이 모두 지나므로, 문점 당일에 어댑터를 수리하거나 새 것으로 교체하여 정상적으로 사용할 수 있다.

■ 문점 당일 시반

	시반	
off		

■ 문점 당일 일시반

	일시반	
on	off	

■ 문점 당일을 포함한 월일반

월일반

on   on

❷ 노트북의 상황

시반에서 노트북의 체에 해당하는 진궁이 흉살로 파괴되지 않고 온전하므로 문점한 시간에 노트북은 정상적으로 작동한다. 따라서 노트북은 고장나지 않았음을 파악할 수 있다.

문점 시간에 노트북이 정상적으로 작동하면서, 동시에 월반에서 진궁이 흉살로 파괴되지 않고 정상이다. 따라서 문점 당일의 일반이 파살로 파괴된 것은 의미를 갖지 않게 되어 노트북은 고장나지 않았다. 왜냐하면 일반이 흉살로 파괴된 현상이 현실에서 발현되기 위해서는 시반부터 징후가 있어야 하기 때문이다. 여기에서 징후란 시반이 흉살로 파괴되거나, 일반 파괴 유발자가 되는 것을 의미한다.

■ 문점 당일 시반   ■ 문점 당일 일시반

on   시반   off on   일시반

■ 문점 당일을 포함한 월일반

지금까지 구성기학으로 알아본 내용과 같이, 이 남자가 용산전자상가에서 어댑터만 새로 사서 노트북에 연결해보았더니 노트북이 정상적으로 작동하였다. 사례의 주인공은 이런 내용을 문점 당일 16시 39분에 필자에게 전화로 알려주었다.

4 자동차와 교통사고

자동차와 관련된 사건사고로는 교통사고나 접촉사고, 또는 타이어에 구멍이 나거나 전조등이 켜지지 않는 부품 고장 등이 있다. 자동차에 관련된 사건사고가 발생했을 때 가장 먼저 주목해야 하는 것은 운전자와 탑승자의 부상 정도, 그리고 자동차의 파손 여부와 그 정도이다.

만약 가벼운 교통사고일 때에는 자동차의 파손 정도와 함께 자동차 부품의 작동 여부까지 고려해야 한다. 여기에서 자동차의 파손 정도는 자동차의 작동 여부와 같은 의미이고, 같은 논리로 자동차 부품의 작동 여부는 자동차 부품의 파손 정도와 같은 의미로 사용된다. 자동차의 체용과 탑승자의 체용에 대해서는 다음과 같이 설정할 수 있다.

> **자동차의 체와 용**
>
> 자동체의 체는 건궁이고, 용은 구성숫자 6이며, 생년지지는 건궁이 가진 공간 좌표인 술(戌)과 해(亥)이다. 다만, 자동차 내부의 부품은 다양하게 있으므로 구궁이 모두 체가 될 수 있다.

① 구성기학에서 자동차의 체는 건궁이고, 용은 육백금성 6이며, 생년지지는 건궁에 소속된 12지지인 술(戌)과 해(亥)이다.
② 운전자와 탑승자의 체는 문점 대상인 사람의 본명성에 대한 체이고, 용은 본명성이다.

예를 들어, 운전자의 본명성이 4인 경우 자동차와 운전자의 체를 구궁에 다음과 같이 나타낼 수 있다.

■ 자동차 · 운전자의 체와 용

본명성이 4인 운전자		
		자동차

한편, 접촉사고나 고장으로 인해 작동하지 않는 자동차 부품은 다음 표와 같이 구궁이 모두 체가 될 수 있다.

■ 자동차 부품의 체

통풍 장치, 파이프, 범퍼	연료, 조명등, 화학 장치, 난방 장치, 배전 장치	차 껍데기 (차체)
전기, 전자 제품, 발화 장치	배설 장치, 배기 장치	장식품, 차 안의 내부공간
문, 바퀴	냉각수, 물, 냉각 장치	수뇌부에 해당하는 제어 장치, 미러

이렇게 다양한 자동차 부품 중에서 교통사고나 접촉사고, 고장으로 인해 작동하지 않는 부품을 찾아내기란 쉬운 일이 아니다. 이럴 때 활용할 수 있는 판단법을 다음과 같

이 정리하였다. 이 중에서 ①~③은 자동차의 생년지지를 활용하는 방법이다.

① 시반에서 낙서운동을 하는 자동차의 생년지지 술(戌) 또는 해(亥)가 위치한 궁이 문제가 생긴 자동차 부품의 체인 경우가 가장 많다. 이런 경우 술(戌) 또는 해(亥)가 위치한 궁은 흉살로 파괴된 상태이다.

② 술(戌) 또는 해(亥)가 위치한 궁이 흉살로 파괴된 경우, 이 궁을 마주보는 궁이 문제가 생긴 자동차 부품의 체인 경우도 있다.

③ 색다른 경우로, 술(戌) 또는 해(亥)가 입중한 상태에서 중궁의 용인 오황살 5가 위치한 궁이나, 이 오황살로부터 발생한 암검살을 맞은 궁이 문제가 생긴 자동차 부품의 체이다.

④ 자동차의 생년지지인 술(戌)이나 해(亥)를 활용하는 것보다 훨씬 간단한 편법도 있다. 시반과 일반이 모두 흉살로 파괴된 궁을 찾으면 되는데, 바로 그 궁에 해당하는 부품이 파손되어 수리나 교체를 해야만 정상적으로 작동하는 자동차 부품이다.

명반에서 고장난 자동차 부품을 찾아내는 가장 간단한 방법

시반과 일반이 모두 흉살을 맞아서 파괴된 궁이 바로 파손된 자동차 부품을 상징한다. 이 방법은 자동차의 생년지지인 술(戌)이나 해(亥)를 이용하는 것보다 훨씬 간단하다.

어떤 경우에는 자동차의 생년지지인 술(戌) 또는 해(亥)가 위치한 궁이 운전자의 체가 되기도 한다. 이것은 운전자도 자동차 부품의 일종으로 볼 수 있으며, 자동차의 생년지지인 술(戌) 또는 해(亥)가 위치한 궁이 자동차의 내부공간에 들어 있는 물건이나 사람을 상징하기 때문이다. 따라서 자동차 관련 사건사고를 구성기학으로 정확하게 해석하려면 자동차와 운전자를 포함한 탑승자, 자동차 부품 모두를 주목해야 한다.

그러나 이 세 가지를 동시에 설명하려면 경우의 수가 너무 많이 나와서 어려우므로 먼저 자동차와 운전자를 포함한 탑승자에 대한 다양한 양상을 설명하고, 그 다음에 자동차와 자동차 부품에 대한 다양한 경우를 설명한다.

1) 자동차와 운전자를 포함한 탑승자

접촉사고나 교통사고로 자동차의 차체가 파손되거나 자동차가 작동하지 않으면, 현재 상황을 표시하는 시반에서 자동차의 체인 건궁이 흉살로 파괴된다. 또한 자동차의 차체가 파손되면 안에 타고 있던 사람 역시 조금 또는 심하게 다칠 수 있다. 따라서 시반에서 자동차에 타고 있던 사람의 몸체인 본명성의 체도 흉살로 파괴된다.

접촉사고나 교통사고가 발생한 시간에 자동차의 작동 여부와 탑승자의 안전 여부를 파악하기 위해서는 다음 네 가지 경우를 미리 알아두어야 한다. 그 중에서 자동차가 충격을 받은 경우에만 탑승자도 부상을 입으므로 먼저 자동차의 작동 여부 즉, 차체가 파손된 정도를 살피고, 그 다음으로 탑승자의 안전 여부를 조사한다. 탑승자는 대표적인 사례로 본명성을 4로, 체를 손궁으로 설정한다.

❶ 차체에 흠이 약간 생기고 탑승자도 약간 놀란 경우

위 그림에서 보듯이, 교통사고 발생 당시의 상황을 보여주는 시반에서는 자동차의 체인 건궁이 흉살로 파괴되었으나, 그 이후 당일의 상태를 알려주는 일반에서는 건궁이 정상적인 상태이다. 따라서 자동차는 교통사고 발생 당시에만 작동하지 않고, 그 이후 당일에는 잘 작동한다. 자동차가 교통사고 발생 당시에만 차체가 망가지고 그 이후 당일에는 온전하므로, 이런 경우에는 자동차에 흠이 약간 생긴 정도로 본다.

또한 탑승자의 몸체인 손궁도 교통사고 발생 당시에만 건강상태가 안 좋고 그 이후의 당일에는 온전하므로, 탑승자가 크게 다치지 않고 약간 놀란 정도로 본다.

❷ 자동차는 작동할 수 있지만 탑승자는 병원에 갈 정도로 다친 경우

교통사고 발생 당시의 상황을 보여주는 시반에서 자동차의 체인 건궁이 흉살로 파괴되었으나, 그 이후 벌어지는 당일의 상황을 알려주는 일반에서는 건궁이 정상적인 상태이다. 따라서 자동차는 교통사고 발생 당시에만 작동하지 않고, 그 이후 당일에는 잘 작동한다.

그러나 탑승자의 몸체인 손궁은 시반과 일반에서 모두 흉살로 파괴된 상태이다. 그래서 교통사고 발생 당시에 몸체의 작동이 멈춘 것이 당일까지 확대되어 결과적으로 병원에 가야 할 정도로 다친 상태이다. 만약 월반 손궁까지 흉살로 파괴되었다면 당월까지 몸이 아플 정도로 심하게 다친 것이다. 그리고 월반과 함께 연반 손궁까지 흉살로 파괴되는 경우에는 사건 발생 시간으로부터 그 해 내내 아플 정도로 심하게 다친 경우로 생사를 보장할 수 없는 정도이다.

그러나 시반, 일반, 월반, 연반 중에서 한 곳만이라도 손궁에 삼합선이 지나면 길신이 작용하여 수습책이 존재하게 되므로 생명은 건질 수 있다.

❸ 자동차가 크게 망가졌으나 탑승자는 약간 놀란 정도인 경우

시반은 교통사고 발생 당시의 상황을 보여주고, 일반은 그 이후에 벌어지는 당일의 상황을 보여준다. 시반에서 자동차의 체인 건궁이 흉살로 파괴된 상태가 일반 건궁까지 확대되었으므로, 자동차가 아주 크게 파손되어 수리나 교체가 필요한 정도이다.

그러나 탑승자의 몸체인 손궁은 교통사고 발생 당시에만 건강상태가 안 좋고 그 이후의 당일에는 온전하므로, 탑승자는 크게 다치지 않고 약간 놀란 정도이다.

단, 다음 그림처럼 탑승자의 몸체에 해당하는 손궁이 시반에서 3개 이상의 흉살로 파괴되고, 일반에서 생년지지가 입중하거나 공망궁에 빠지는 경우에는 교통사고 발생 현장에서 즉사할 수 있음을 유의한다.

④ 자동차가 크게 파손되고 탑승자도 병원에 가야 할 정도로 다친 경우

교통사고 발생 당시의 상황을 보여주는 시반에서 자동차의 체인 건궁이 흉살로 파괴된 상태가 그 이후 당일의 상태를 알려주는 일반 건궁까지 확대되었다. 따라서 자동차가 아주 크게 망가져서 수리나 교체를 해야 할 정도이다.

또한 탑승자의 몸체인 손궁도 시반과 일반에서 모두 흉살로 파괴된 상태이다. 이것은 교통사고 발생 당시에 몸체의 작동이 멈춘 것이 당일까지 확대되어 결과적으로 병원에 가야 할 정도로 다친 상태임을 알려준다. 만약 월반 손궁까지 흉살로 파괴되었다면 당월까지 몸이 아플 정도로 심하게 다친 것이다. 나아가 월반과 함께 연반 손궁까지 흉살로 파괴되면 사건 발생 이후 그 해 내내 아플 정도로 심하게 다친 경우로 생사를 보장하기 어렵다.

그러나 시반, 일반, 월반, 연반 중에서 적어도 한 군데라도 손궁에 삼합선이 지나는 경우에는 길신이 작용하여 수습책이 존재하게 되므로 생명은 건질 수 있다.

손궁의 파괴가 월반과 연반까지 확장되지 않더라도, 앞에서 설명한 ③과 같이 탑승자의 몸체인 손궁이 시반에서 3개 이상의 흉살로 파괴되고, 일반에서 생년지지가 입중하거나 공망궁에 빠지는 경우에는 교통사고 발생 현장에서 즉사할 수 있음을 유의한다.

2) 자동차와 자동차 부품

자동차와 자동차 부품의 다양한 양상에 대해서는 다음과 같이 접근할 수 있다. 접촉사고나 교통사고가 발생하여 자동차가 작동되지 않으면 현재 상황을 표시하는 시반에서 자동차의 체인 건궁이 흉살로 파괴된다. 또한 교통사고가 발생하면 자동차의 부품도 함께 망가진다. 따라서 시반에서 자동차 부품의 체도 흉살로 파괴된다.

접촉사고나 교통사고가 발생했을 때 자동차를 비롯하여 자동차 부품의 작동 여부를 파악하기 위해서는 다음 세 가지 경우를 알아두어야 한다. 교통사고가 나거나 자동차의 시동이 안 걸리는 경우에만 자동차 부품에 문제가 생긴 것을 파악할 수 있으므로 먼저 자동차의 작동 여부를 살피고, 다음으로 부품의 작동 여부 즉, 부품이 망가진 정도를 조사한다.

참고로 이어지는 설명에서 세 가지 경우 모두 자동차 부품 중에서 체가 곤궁인 차체(차 껍데기)를 예로 들었다.

> ☑ **주요 자동차 부품의 체와 용**
>
> ① 차체 : 체는 곤궁이고, 용은 20이다.
> ② 범퍼 : 체는 손궁이고, 용은 40이다.
> ③ 문과 바퀴 : 체는 간궁이고, 용은 80이다.
> ④ 전기, 전자제품 : 체는 진궁이고, 용은 30이다.

❶ 자동차가 일시적으로 작동하지 않고 부품도 작동이 잠시 멈춘 경우

교통사고 발생 당시를 보여주는 시반에서 자동차의 체인 건궁이 홀살로 파괴되었으나, 그 이후 당일의 상태를 알려주는 일반에서는 건궁이 정상적인 상태이다. 따라서 자동차는 교통사고 발생 당시에만 작동하지 않고, 그 이후 당일에는 잘 작동한다.

또한 부품 중에서 차체의 체인 곤궁도 교통사고 발생 당시에만 작동하지 않고, 그 이후 당일에는 잘 작동하므로 수리나 교체가 필요한 정도는 아니다. 따라서 교통사고 시 접촉으로 차체에 흠이 약간 생겨서 일시적으로 자동차 시동을 끈 상태이다.

❷ 자동차는 작동할 수 있으나 부품은 많이 망가져 교체 또는 수리가 필요한 경우

교통사고 발생 당시 상황을 보여주는 시반에서는 자동차의 체인 건궁이 흉살로 파괴되었으나, 그 이후 당일의 상태를 알려주는 일반에서는 건궁이 정상적인 상태이다. 따라서 자동차는 교통사고 발생 당시에만 작동하지 않고, 그 이후 당일에는 잘 작동한다.

그러나 부품인 차체의 체인 곤궁은 시반과 일반에서 모두 흉살로 파괴되었다. 교통사고가 나면서 작동이 멈춘 것이 당일까지 확대되어 부품이 많이 망가진 상태로, 차체를 수리하거나 교체해야 한다. 이런 경우에 해당하는 부품은 망가져도 자동차가 작동하는 데 큰 영향을 주지 않는 전조등, 방향지시등, 범퍼, 미러, 차체 등이다.

❸ 자동차가 당일 내내 작동하지 않을 만큼 부품이 크게 파손된 경우

교통사고 발생 당시 상황을 보여주는 시반에서 자동차의 체인 건궁이 흉살로 파괴되었고, 그 이후 당일의 상태를 알려주는 일반 건궁까지 확대되었으므로 자동차가 아주 크게 파손되어 수리나 교체를 해야 할 정도이다.

자동차 부품인 차체 역시 당일 내내 작동하지 않을 만큼 크게 파손되어 수리나 교체를 해야 한다. 이런 경우에는 차체 이외에, 파손되면 자동차가 전혀 움직이지 못하는 다른 부품도 시반과 일반 모두에서 흉살을 맞아 파괴된 상태로 표시된다.

예를 들어, 다음 그림은 교통사고로 차 바퀴에 해당하는 간궁까지 시반과 일반 모

두 흉살로 파괴되어 작동하지 않을 만큼 자동차가 크게 파손되었음을 보여준다. 물론 차체를 상징하는 곤궁도 시반과 일반 모두 흉살로 파괴되었으므로 수리나 교체를 해야 하는 상황이다.

참고로, 교통사고에 대한 구성기학 추론을 위해 필자의 『역학 원리를 과학적으로 분석한 구성기학』 p.223~226을 먼저 읽어보면 다음 실전사례를 이해하는 데 도움이 될 것이다.

 실전사례 01

밤사이에 외제차를 파손하고 뺑소니친 운전자의 정체와 도주 방향

양둔 기간인 2007년 양력 3월 8일 오전 8시 51분 진시(辰時)에 1960년 경자년(庚子年)생 남자가 전화로 다음 내용을 문의하였다. 이 남자가 아침에 출근을 하려고 집 밖에 주차해놓은 자신의 외제차를 보니, 밤사이 어떤 사람이 운전 부주의로 차를 들이받아 파손한 뒤 뺑소니를 쳤다. 이 남자가 알고 싶은 것은 뺑소니 운전자의 정체와 도주한 방향이다.

■ 일시반

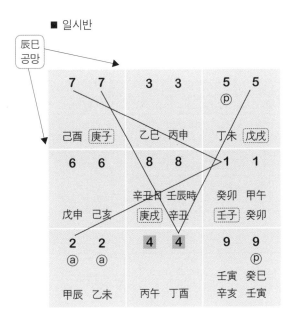

辰巳
공망

7　7	3　3	5　5
		ⓟ
己酉 庚子	乙巳 丙申	丁未 戊戌
6　6	8　8	1　1
	辛丑日 壬辰時	癸卯 甲午
戊申 己亥	庚戌 辛丑	壬子 癸卯
2　2	4　4	9　9
ⓐ　ⓐ		ⓟ
甲辰 乙未	丙午 丁酉	壬寅 癸巳 辛亥 壬寅

■ 연월반

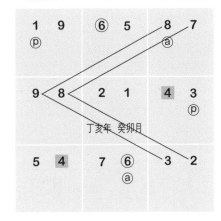

1　9	⑥　5	8　7
ⓟ		ⓐ
9　8	2　1	4　3
	丁亥年 癸卯月	ⓟ
5　4	7　⑥	3　2
	ⓐ	

❶ 자동차의 작동 여부

문점 당시 상황을 보여주는 시반에서 자동차의 체인 건궁이 파살을 맞고 파괴되어 있

다. 그러나 일반에서는 건궁이 정상적인 상태이므로 자동차는 문점 당시에만 외부 충

격으로 작동하지 않고, 그 이후 당일에는 외부 충격으로 타격을 받지 않는다.

그럼에도 불구하고, 다음 그림처럼 일반에서 자동차의 생년지지인 술(戌)이 입중했기 때문에 시반 건궁이 흉살로 파괴된 것이 당일 내내 지속된다. 따라서 자동차는 문점 당시부터 당일 내내 작동하지 않는다.

그러나 다음 그림처럼 월반과 연반에서는 자동차의 체인 건궁이 온전하므로, 문점 당시 자동차가 작동하지 않는 상태가 당월까지는 확대되지 않는다. 이런 경우는 대개 문점 당시 일시적으로 작동하지 않는 것을 일부러 지속시키는 상황이다.

만약 월반 건궁까지 흉살로 파괴되었다면 문점 당시 작동하지 않는 상태가 당월까지 확대되어 자동차가 작동하지 않을 만큼 크게 파손된 것이다. 물론 다음 그림처럼 시

반과 일반의 건궁이 모두 흉살로 파괴된 경우에는 당일 내내 자동차가 파괴된 상태가 계속되므로, 무조건 자동차를 수리나 교체를 해야만 정상적으로 작동시킬 수 있다.

❷ 자동차 부품의 파손 정도

자동차가 당일 내내 작동하지 않는 이유가 일부러 자동차의 전원을 꺼놓았기 때문인지, 아니면 자동차 부품 중 일부가 수리나 교체를 해야 할 만큼 크게 파손되어 자동차 전원이 꺼졌기 때문인지를 구분하려면 자동차 부품의 파손 정도를 조사한다. 파손된 자동차 부품을 찾아내려면 시반에서 자동차의 생년지지인 술(戌)이나 해(亥)가 위치한 궁과, 그 궁 때문에 생긴 흉살로 파괴된 궁을 조사한다.

첫 번째로 파손된 부품은 차체이다. 왜냐하면, 시반에서 술(戌)이 오황살로 파괴된 곤궁에 들어갔는데, 곤궁은 오황살과 파살로 일반까지 확대되어 파괴되기 때문이다. 따라서 곤궁에 해당하는 차체가 문점 당시부터 당일 내내 작동하지 않으므로 수리나 교체를 해야 할 정도로 크게 파손된 상태이다.

두 번째로 파손된 부품은 바퀴이다. 이것은 시반에서 술(戌)이 위치한 곤궁의 오황살로 인해 발생한 암검살을 맞고 파괴된 간궁이 암검살에 의해 일반까지 확대되어 파괴되기 때문이다. 따라서 간궁에 해당하는 바퀴가 문점 당시부터 당일 내내 작동하지 않으므로 수리나 교체를 해야 할 정도로 크게 파손된 상태이다.

이렇게 자동차의 생년지지인 술(戌) 또는 해(亥)를 이용하는 방법 이외에, 시반과 일반이 동시에 흉살로 파괴된 궁이 파손된 자동차 부품이라는 편법을 활용하면 곤궁과 간궁만이 후보가 된다. 따라서 차체와 바퀴가 파손되어 수리나 교체를 해야 하는 부품임을 즉시 추론할 수 있다.

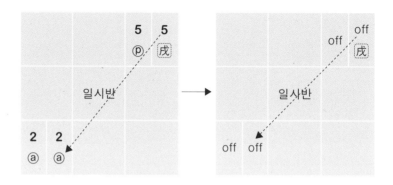

한편 자동차가 외제차인 이유는 문점 당시를 보여주는 시반에서 자동차의 체인 건궁에 빛 또는 명성을 의미하는 구성숫자 9가 들어 있기 때문이다. 자동차의 차체가 빛이 나거나 명성이 높으므로 고급차나 외제차로 유추할 수 있다.

❸ 뺑소니 운전자의 정체와 방향

이것은 다음 과정을 통해서 유추할 수 있다. 자동차가 파손된 시점은 밤사이이며 문점한 남자가 자동차를 발견했을 때에도 여전히 파손된 상태이므로 과거부터 현재의 상황을 보여주는 시반을 조사한다. 시반에서 자동차의 체인 건궁이 손궁의 7로부터 파살을 맞아 파괴되었기 때문에(①), 자동차는 7 즉 유흥을 한 사람 또는 본명성이 칠 적금성(7)인 사람에 의해 파손되었다.

또한 7의 체인 태궁의 시반과 일반 모두에 물에 빠져서 오리무중 상태임을 의미하는 1이 들어가 있으므로(②), 이 뺑소니 운전자는 잘 숨어 있음을 알 수 있다. 심지어 손궁의 7은 시반과 일반 모두 삼합선까지 지나므로 길신의 도움을 받아서 멀리 잘 도주해 있음을 알 수 있다.

한편 뺑소니 운전자가 도주한 방향은 손궁의 대충 방향인 서북쪽일 것이다. 왜냐하면, 손궁이 의미하는 동남쪽으로부터 건궁이 의미하는 서북쪽으로 가던 7이 건궁을 파살로 파괴시킨 후 목적지를 향해서 도주했을 가능성이 가장 높기 때문이다.

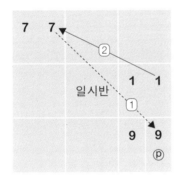

지금까지의 내용을 정리하면, 유흥을 한 사람 또는 본명성 7인 사람이 문점한 남자의 외제차를 파손시키고 서북쪽으로 도주했다고 추론할 수 있다. 이 내용은 연월반을 통해서 다음처럼 검증될 수 있다.

7은 문점한 당월에 작동하지 않는[연반 간궁의 5](①) 자동차 부품[연반 곤궁의 8]과 함께 애쓴다[월반 곤궁]. 또한 월반 곤궁에 위치한 7의 좌궁용 2는(②) 자동차의 체를 의미하는 건궁에 머물고 있으므로, 7이 애쓰는 것은 결과적으로 자동차에게 돌아간다. 다시 말하면, 도주한 뺑소니 운전자인 7도 본인이 운전하던 차가 충돌로 파손

되어 작동하지 않는 일부 부품을 수리하거나 교체해야만 함을 유추할 수 있다.

또한 연월반에서 7의 또다른 상황을 살펴보면, 다음 그림처럼 일시적으로 잘 운용되지 않는 자동차[월반 감궁에서 암검살을 맞은 6]에 의해 7[연반 감궁의 7]이 숨어 지냄[감궁]을 유추할 수 있다. 여기서 7은 뺑소니를 친 상황이므로, 뺑소니를 낸 자동차와 함께 숨어 지내고 있음이 연월반에 잘 나타나 있다.

참고로 시반 손궁의 7을 유흥을 한 사람으로 추론한 이유는 다음 그림처럼 7의 몸 안[체]인 태궁에 오리무중이나 술을 의미하는 1이 들어와 있고, 1의 체인 감궁에는 불타는 음식을 상징하는 간지인 정유(丁酉)가 들어와 있기 때문이다. 이것은 공간 계층 구조에 의해 1이 몸체가 불타는 음식에 조종당하는 것을 의미한다. 태궁에 위치한 1

은 불타는 음식에 조종당하는 음료이므로 결과적으로는 술로 유추할 수 있다.

여기에서 정유(丁酉)가 불타는 음식인 이유는 유(酉)가 음식을 상징하는 태궁의 생년지지이고, 정(丁)은 촛불이나 화학적인 불이기 때문이다.

■ 시반 감궁의 공간 계층구조

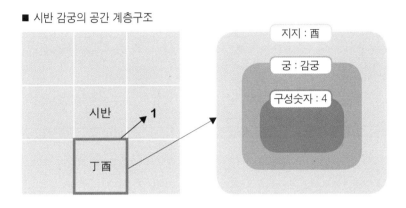

문점한 남자는 건강이 정상적인 상태이므로 본명성 4의 체인 손궁이 흉살로 파괴되지 않고 온전하다. 단, 시반에서 생년지지인 자(子)가 문점 당일의 일진 기준인 공망궁에 빠진 것은 본인 소유의 외제차가 파손된 것을 보고 어찌할 바를 모르는 상태임을 보여준다.

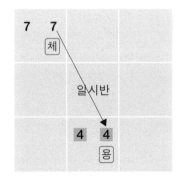

자동차가 심하게 파손되었으나 운전자는 온전한 경우

음둔 기간인 2011년 양력 9월 23일 오후 8시 30분쯤 술시(戌時)에 1972년 임자년(壬子年)생 남자의 자가용이 중앙선을 침범한 택시와 충돌하면서 심하게 파손되었다. 파손 부위는 범퍼와 바퀴, 차체였다. 사고 발생 후 견인차가 와서 이 남자의 차를 수리센터로 가져갔다.

그러나 운전자인 이 남자는 아무런 외상과 통증이 없었다. 실제로 병원에 가서 진찰해보니 별 이상이 없었는데, 후유증을 방지하기 위해서 2주 정도 통원치료를 받도록 권유받았다. 보험회사로부터 자가용 파손에 대한 모든 보상을 받았고, 택시기사로부터 80만원의 합의금을 받으면서 사건이 마무리되었다.

■ 일시반

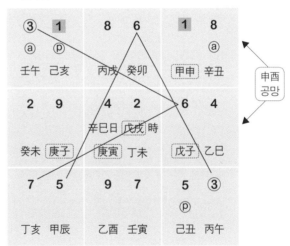

■ 연월반

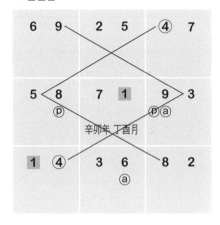

1) 파손된 자동차 부품 찾기

사건 발생 당시 상황을 보여주는 시반에서 자동차의 체인 건궁이 3대3 대충으로 파괴되었다. 또한 일반에서도 건궁이 오황살과 파살 때문에 심하게 파괴되었다. 따라서 자동차는 사건 발생 시점부터 당일 내내 작동하지 않을 정도로 심하게 파손되어 정비소에서 수리나 교체를 해야만 정상적인 상태로 회복될 수 있다.

이렇게 자동차를 수리해야 하는 상황이면 반드시 수리나 교체를 해야 할 만큼 크게 파손된 부품이 존재한다. 파손된 자동차 부품을 찾기 위해 다음 두 가지 방법을 활용

한다. 첫째, 가장 쉽고 간단한 방법으로 시반과 일반이 모두 흉살로 파괴된 궁을 찾는다. 이 궁이 상징하는 자동차 부품에 문제가 있다.

둘째, 자동차의 생년지지인 술(戌) 또는 해(亥)가 위치한 궁이 흉살로 파괴된 경우 그 궁이 상징하는 자동차 부품에 문제가 있다.

❶ 편법을 활용한다

앞서 설명한 것처럼 이 방법은 시반과 일반 모두에서 흉살을 맞아 파괴된 궁을 파손된 자동차 부품으로 유추한다.

첫 번째는 범퍼이다. 그 이유는 다음 그림에서처럼 손궁이 시반과 일반 모두 흉살로 파괴되었기 때문이다.

두 번째는 바퀴이다. 그 이유는 바퀴의 체인 간궁이 일반에서는 정상적으로 작동하지만 사건 발생 당시 상황을 보여주는 시반에서는 오황살로 파괴되어 있고, 간궁의 지지인 축(丑)과 인(寅) 중에서 인(寅)이 입중하여 사건 발생 당시 작동할 수 없는 바퀴의 상태가 당일 내내 지속되기 때문이다.

설상가상으로 월반 간궁까지 4대4 대충으로 파괴되어, 사건 발생 당시 작동하지 않는 바퀴가 당월 내내 작동하지 않을 정도로 크게 파손되었다고 유추할 수 있다.

여기에서 주의할 점은 시반과 일반의 간궁이 모두 흉살로 파괴된 경우와(예1), 시반 간궁은 흉살로 파괴되었지만 일반 간궁은 온전한데 일반에서 바퀴의 생년지지인 축(丑) 또는 인(寅)이 입중하거나 공망궁에 빠진 경우의(예2) 차이점이다.

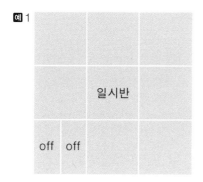

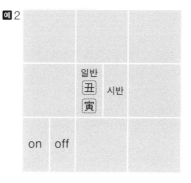

예1의 경우에는 사건 발생 당시부터 당일 내내 바퀴가 심하게 파손된다. 따라서 반드시 바퀴를 교체하거나 수리해야만 정상적으로 작동시킬 수 있다.

예2는 월반 간궁의 상태에 따라서 파손 정도가 결정된다. 만약 월반 간궁까지 흉살로 파괴된 경우에는 바퀴가 심하게 파손된 것이다. 그러나 월반 간궁이 흉살로 파괴되지 않고 온전한 경우에는 바퀴가 바람이 빠지거나, 일부러 바퀴를 빼낸 뒤 방치하면서 사용하지 않는 경우처럼 문제가 크지 않다. 따라서 이때는 운전자가 바퀴의 전원만 켜면 다시 정상적으로 작동될 수 있다.

수리가 필요한 마지막 부품은 차체이다. 그 이유는 차체의 체인 곤궁이 일반에서는 정상적으로 작동하지만 사건 발생 당시 상황을 보여주는 시반에서는 암검살로 파괴되어 있고, 곤궁의 지지인 미(未)와 신(申) 중에서 신(申)이 공망궁에 빠져서 사건 발생 당시 작동이 안 되는 차체의 상태가 당일 내내 지속되기 때문이다.

설상가상으로 월반 곤궁까지 4대4 대충으로 파괴된 연반의 영향을 받아서 파괴 효과가 발생하므로, 사건 발생 당시 작동하지 않는 차체가 당월 내내 작동하지 않을 정도로 크게 파손되었다.

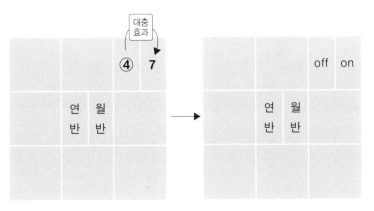

여기에서 연반 곤궁이 4대4 대충으로 파괴되었고 대충의 효과가 월반 곤궁에까지 발생한다고 해석했는데, 그 이유는 일반과 시반, 연반과 월반의 구성숫자 배치가 서로

맞물려서 마주보는 궁에 같은 구성숫자가 위치할 때 비로소 대충이 발생하는 원리를 알면 쉽게 이해할 수 있다. 여기에서도 연반 혼자서는 대충이 발생하지 않고 오직 연반과 월반의 짝짓기에 의해서 대충이 발생하므로 대충은 실질적으로는 월반 때문에 발생하는 것이다. 따라서 연월반에서 연반 곤궁만 대충을 맞았음에도 불구하고, 월반의 책임을 실현시키기 위해 실질적으로는 그 달에 대충을 맞은 연반의 효과까지 나타난다.

❷ 자동차의 생년지지인 술(戌) 또는 해(亥)를 활용한다

두 번째 방법으로는 자동차의 생년지지인 술(戌) 또는 해(亥)를 조사한다.

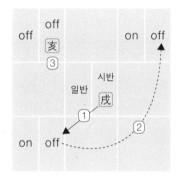

위 그림에서 보듯이 시반에서 술(戌)이 입중하였다. 이런 경우에는 중궁의 용인 오황살 5가 위치한 궁이나, 그 오황살로부터 발생하는 암검살을 맞은 궁이 파손된 부품이다. 따라서 시반에서 오황살로 파괴된 간궁이 상징하는 바퀴가 바로 파손된 부품이다(①). 시반 간궁의 흉살로 인한 파괴가 월반까지 확대되는 이유는 이미 편법을 사용하는 방법에서 설명하였으므로 생략한다(p.126 참조).

　또한 시반 간궁의 오황살로부터 발생하는 암검살을 맞아 곤궁이 파괴되었는데, 이 곤궁이 상징하는 차체도 파손된 부품이다(②). 시반 곤궁의 흉살로 인한 파괴가 월반까지 확대되는 이유는 이미 편법을 사용하는 방법에서 설명하였으므로 생략한다(p.128 참조).

마지막으로 손궁이 상징하는 범퍼도 파손된 부품이다(③). 시반에서 자동차의 생년지지인 해(亥)가 손궁에 들어가 있는데, 손궁이 시반과 일반 모두에서 흉살로 파괴되었기 때문이다.

2) 자동차를 파손한 사람 찾기

1972년생 남자의 자동차를 파손한 사람은 택시기사인데, 이것은 사건 발생 당시를 보여주는 시반을 비롯하여 연월반으로도 파악할 수 있다.

❶ 시반에 나타난 증거

첫째, 자동차의 체인 건궁이 3대3 대충을 맞아 파괴되었다. 대충은 구성숫자를 파괴시킨 후 그 구성숫자가 들어 있는 궁까지 오염시키는 흉살이므로, 대충을 맞은 구성숫자가 원인이 되고 대충을 맞은 구성숫자가 들어 있는 궁이 결과가 된다. 따라서 시반 건궁이 3대3 대충으로 파괴되었으므로 1972년생 남자의 자동차가 파손된 원인은 구성숫자 3이다. 3은 운전하는 사람 또는 움직이는 사람이란 의미이므로, 택시를 운전하는 사람 즉 택시기사에 의해 이 1972년생 남자의 자동차가 파손된 것이다.

둘째, 도로를 상징하는 손궁에 위치한 1972년생 남자의 본명성 1이 자동차를 파괴

한 건궁의 3으로부터 파살을 맞았다. 다시 말해서, 이 1972년생 남자[본명성 1]는 도로[손궁]에서 자동차를 파손한 택시기사[건궁의 3]로부터 피해를 입었다.

셋째, 1972년생 남자의 생년지지인 자(子)가 계약을 의미하는 9와 함께 택시기사의 체인 진궁에 위치한다. 이것은 이 남자가 택시기사의 몸 안에 들어가서 계약을 맺는다고 해석할 수 있다. 좀더 구체적으로 표현하면, 이 1972년생 남자가 합의를 통해서 택시기사와 합의금을 계약했다는 것을 시반에서 보여주고 있다.

❷ 연월반에 나타난 증거

1972년생 남자의 자동차를 파손시킨 사람이 택시기사라는 증거는 다음 연월반을 통해서도 검증할 수 있다.

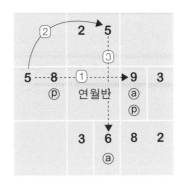

첫째, 태궁에서 월반의 택시기사 3은 연반의 암검살과 파살을 맞은 9와 함께 돈을 소비한다. 다시 말해서, 택시기사는 자신이 돈을 지불해야 하는 계약에 의해 돈을 쓴다. 여기서 돈을 지불해야 하는 계약인 이유는 본인의 몸 안[연반 진궁]에 들어 있는 오황살로 인해 연반 태궁의 9가 암검살과 파살을 맞았기 때문이다(①). 즉, 택시기사 본인의 잘못으로 돈을 지불해야 하는 계약인 것이다.

또한 연반 진궁의 하자품이나 사건사고를 의미하는 오황살은 당월에는 이궁에 위치하여(②) 감궁의 6을 암검살로 파괴시키는데(③), 이렇게 쓰임이 잘못된 자동차 6에 의해 택시기사 3은 고통을 겪는다[감궁]. 다시 말해서, 자동차의 작동 여부를 알려주는 월반 건궁은 온전하지만 자동차의 쓰임을 알려주는 월반 감궁의 6은 암검살로 파괴되었기 때문에, 작동은 잘 되지만 운영이 잘못된 자동차에 의해 택시기사가 당월에 고통을 받는 것이다.

이러한 연월반의 상황이 일시반의 상황과 연결되어 1972년생 남자의 자동차를 파손한 사람이 택시기사임을 검증할 수 있다.

한편, 1972년생 남자와 택시기사의 부상 여부는 일시반에서 다음 과정을 통해 추론할 수 있다.

우선 1972년생 남자의 체인 감궁은 다음 그림처럼 모두 온전하다. 따라서 충돌사고가 발생했음에도 전혀 부상을 입지 않았다.

다음으로, 택시기사를 의미하는 3의 체인 진궁도 일시반에서 모두 온전하다. 따라서 택시기사도 전혀 부상을 당하지 않았다.

지하철이 역주행한 경우

음둔 기간인 2011년 양력 12월 11일 오후 3시 45분쯤 신시(申時)에 지하철 7호선 전동차에서 벌어진 일이다. 전동차가 하계역에서 중계역으로 운행중이었는데, 60~70대 남자 승객 한 명이 차량 내에 설치된 비상용 전화로 "하계역에서 출입문을 왜 안 열었냐? 손해배상을 청구하고 고소하겠다"며 기관사에게 거세게 항의하였다.

이에 당황한 1972년 임자년(壬子年)생 기관사가 운행하던 전동차를 선로에 멈추고

관제센터에 보고했다. 관제센터에서 기관사에게 "전역에서 문을 열었느냐?"고 문자
순간적으로 당황한 기관사가 "기억이 안 난다"라고 대답해 후진 지시를 내렸고, 이에
전동차는 하계역으로 약 170m가량을 역주행하였다. 이 때문에 지하철 운행이 3분가
량 지연되었다.

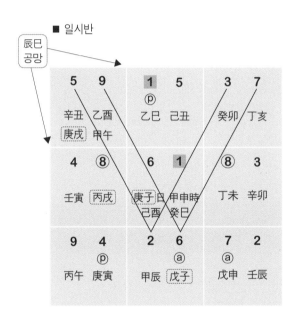

■ 연월반

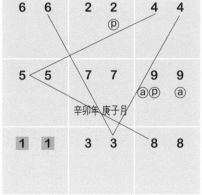

이번 사례는 앞의 두 사례에 비해 사건에 관련된 인물이나 상황이 다소 복잡해 보인다. 따라서 보다 쉽게 추론할 수 있도록 지하철 역주행에 관련된 구성 상의와 해석 순서를 먼저 제시한다.

■ 지하철 역주행에 관련된 구성 상의

승객, 교통과 관련된 사람, 승하차, 왕래	진상 규명, 정신, 구설수에 오르다	서민
운전사, 기관사	사면초가에 처하다	즐기다, 편안, 불편
출입문	구멍에 빠지다, 어려움에 빠지다	지하철

■ 지하철 역주행 해석 순서

1) 지하철

위의 순서도를 따라서 먼저 지하철을 해석하고, 다음으로 기관사를 해석한다. 지하철은 체에서 용, 그리고 생년지지 순서로 해석해 나간다.

❶ 지하철의 체

지하철, 오토바이, 버스 등의 운송 수단 모두 자동차와 마찬가지로 체는 건궁이고, 용은 구성숫자 6이다. 따라서 역주행 발생 당시 지하철의 작동 여부를 보려면 시반에서 건궁을 살펴봐야 하고, 지하철 운영의 정상 여부를 보려면 시반에서 6을 살펴봐야 한다.

다음 그림을 보면 시반 건궁이 흉살로 파괴되지 않고 온전한 상태이므로, 지하철은 역주행 발생 당시에 잘 작동되고 있었다.

또한 다음 그림을 보면 시반 건궁에 서민을 상징하는 구성숫자 2가 들어와서 잘 운영되고 있으므로, 서민이 지하철에 정상적으로 승차하고 있다고 추론할 수 있다.

참고로, 지하철의 승객인 서민의 안전 여부는 서민을 상징하는 2의 체인 곤궁을 통해서 추론할 수 있다. 다음 그림을 보면 서민의 건강과 안전 여부를 알려주는 곤궁이 일시반 모두에서 온전하므로 서민은 전혀 다치지 않고 안전하다.

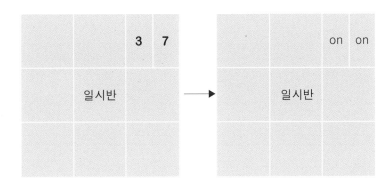

❷ 지하철의 용

다음으로, 지하철의 용인 6을 살펴보면 지하철 운영의 정상 여부를 알 수 있다. 다음 그림에서 보듯이, 이궁의 오황살이 원인이 되어 발생한 암검살을 맞고 6이 파괴되었다(①). 이를 통해 지하철이 잘 작동하여 운행은 되고 있지만(②), 운영이 잘못되어 역주행을 하고 있음을 파악할 수 있다.

다행스럽게도 시반 감궁으로 삼합선이 지나므로 역주행을 수습할 해결책이 존재한다. 따라서 지하철이 하계역으로 되돌아갔다가 다시 정상적으로 주행하였다.

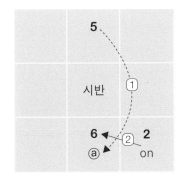

이제 역주행 상황을 좀더 상세하게 추론하기 위해 일시반을 동시에 해석한다.

위의 그림을 보면, 시반에서 지하철의 몸체에 해당하는 건궁에 서민을 상징하는 2가 들어 있다. 또한 몸체인 건궁에 서민을 태운 지하철 6이 시반 감궁에서 암검살을 맞았다. 따라서 서민이 타고 있는 지하철이 잘못 운영되어 역주행을 하고 있다고 해석할 수 있다.

또한 동회의 의미와, 일시반에서는 시반이 주어가 되는 점을 활용하여 다음과 같이 추론할 수 있다. 지하철 입장에서는 감궁의 시반에서 암검살을 맞은 6이 주어가 되고, 일반의 2가 목적어 또는 부사어가 되며, 마지막으로 감궁이 서술어가 된다. 따라서 역주행을 하는 지하철[시반 감궁의 암검살을 맞은 6]은 서민[일반 감궁의 2]과 함께 어려움에 빠져 있다[감궁]고 해석한다.

❸ 지하철의 생년지지

역주행이 발생한 당시 상황을 알기 위해 시반을 보면, 지하철의 생년지지인 술(戌)이 위치한 진궁이 다음 그림처럼 8대8 대충을 맞아 파괴되었다. 따라서 지하철의 내부공간 중에서 진궁에 해당하는 부품이 작동하지 않음을 알 수 있다. 진궁은 기관사의 체이므로, 작동되지 않은 출입문[파살로 깨진 시반 간궁]의 운영상 어려움[8대8 대충]으로 기관사의 판단력이 마비되었음[시반 진궁 파괴]을 보여준다.

그러나 다행스럽게도 일반 진궁이 온전하므로, 역주행이 일어난 시간대에 지하철 기관사가 일시적으로 판단력이 마비되고 그 이후에는 판단력을 비롯한 신체활동이 정상적으로 작동한다고 추론할 수 있다.

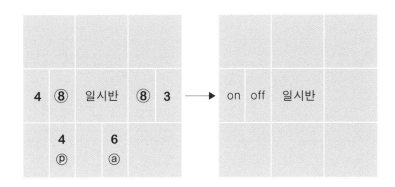

지금까지의 추론을 종합하면, 다음 그림처럼 기관사가 일시적으로 잘못 판단하여 지하철을 역주행시킨다.

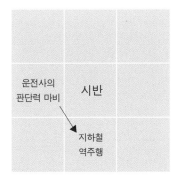

이제 더 많은 정보를 추론하기 위해 다음 그림처럼 생년지지가 위치한 궁을 출발점으로 삼아 궁 안에 들어가서 운영되는 구성숫자의 체를 역추적으로 조사하는 것을 되풀이한다. 즉, 시반에서 지하철의 생년지지가 위치한 진궁[기관사의 체]을 출발점으로 삼아 진궁에 들어 있는 대충을 맞은 8의 체인 간궁[출입문]을 조사한다. 간궁을 통해

서 출입문이 정상적으로 작동했는지를 추론할 수 있다.

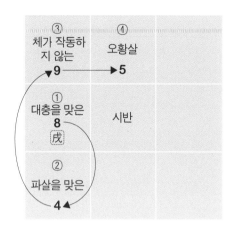

먼저 다음 그림처럼 역주행을 한 시간대에 출입문의 작동 여부를 표시하는 시반 간궁이 파살을 맞아 파괴되었고, 동시에 일반에서 간궁의 생년지지 중 하나인 축(丑)이 공망궁에 빠져 있다. 하지만 다행스럽게도 일반과 월반에서는 간궁이 온전하다. 따라서 사건 발생 당시에만 간궁이 일시적으로 작동하지 않고 이 상태가 당월까지 계속되지 않으므로, 출입문은 일시적으로 작동되지 않았을 뿐이다.

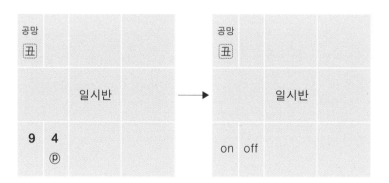

다음으로, 지금까지 실행한 역추적법을 사용하여 파살로 깨진 간궁[작동하지 않는 출입문] 안에서 잘못 운영되고 있는 4의 체인 손궁[승객]을 조사한다. 손궁을 통해서 승객의 정상적인 작동 여부를 추론할 수 있다.

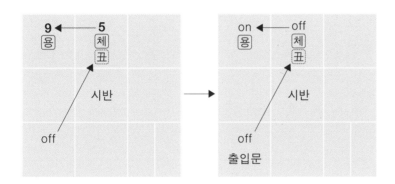

위 그림처럼 시반에서 손궁은 흉살로 깨지지 않고 온전하므로, 승객은 정상적으로 작동하고 있다. 그러나 승객의 몸 안에는 체인 이궁이 오황살로 파괴된 9가 들어와 있으므로, 정신이 나간[오황살로 파괴된 이궁] 승객이지만 정상적으로 활동은 하고 있다고 해석할 수 있다.

여기에서 이궁은 작동하지 않는 출입문[파살을 맞은 간궁]의 생년지지인 축(丑)이 들어온 상태에서 오황살로 파괴되었다. 이것은 출입문의 부품 중 화학장치 또는 난방장치[이궁]가 낡았거나 자체적인 결함[오황살]이 있어서 출입문이 작동하지 않았음을 의미한다. 또한 작동하지 않는 출입문의 부품 결함 때문에 승객도 정신이 흐려졌음을 추론할 수 있다.

이제 출입문의 작동 여부를 알 수 있는 간궁과 승객의 작동 여부를 알 수 있는 손궁을 결합하면, 출입문이 아예 작동하지 않았는지 또는 작동했음에도 불구하고 승객이 잘못하여 내리지 못했는지를 판별할 수 있다.

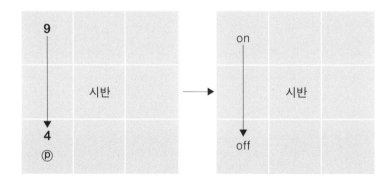

위 그림처럼 승객 4의 체인 손궁이 정상적인 상태이므로, 비록 승객이 정신이 흐리기는 하지만 정상적으로 활동은 했다. 그러나 승객의 운영 상태를 알려주는 구성숫자 4가 파살로 깨진 간궁에 들어가 있으므로, 출입문을 일시적으로 작동하지 않아서 하차를 하지 못했다. 참고로 4는 승객 이외에도 왕래, 승하차, 여행, 이사 등으로도 해석된다.

　이렇듯 4의 체인 손궁은 작동하는 반면, 용인 구성숫자 4는 간궁에서 파살로 파괴되어 운영이 안 된다. 따라서 근본적으로는 승하차와 왕래가 가능하지만, 출입문 오작동 때문에 승하차의 운영이 잘 안 된 것이다.

　이런 경우에는 승하차의 운영을 인위적으로 개선하면 승객의 승하차가 가능하다. 실제로 지하철을 역주행시키는 운영 개선 덕분에 승객이 하차할 수 있었다.

보다 정교한 운추론을 위해 출입문[간궁]과 그 출입문에서 운영되는 승객[간궁에 들어 있는 구성숫자 4], 그리고 승객의 작동 여부[4의 체인 손궁]의 관계를 살펴보면 다음과 같다.

① **간궁의 구성숫자 4가 정상이고 손궁도 온전한 경우** : 출입문[간궁]이 정상적으로 작동하고, 간궁에 들어 있는 구성숫자 4가 상징하는 승객도 원활하게 운영되며, 그 승객의 체인 손궁도 온전하여 승객도 정상적으로 승하차를 할 수 있다.

② **간궁의 구성숫자 4가 흉살로 파손되었지만 손궁은 온전한 경우** : 출입문[간궁]이 정상적으로 작동하지 않아서 그 출입문을 이용하는 승객[구성숫자 4]이 어려움을 겪는다.

　이때 승객이 정상적으로 몸을 움직일 수 있는지, 그리고 승하차의 작동(승객이 승하차를 하는 것) 여부를 확인하기 위해 승객과 승하차의 체인 손궁을 조사한다. 손궁이 흉살로 파괴되지 않고 온전하므로 승객과 승하차는 정상적으로 작동됨을 알 수 있다. 따라서 출입문이 작동하지 않아서 승객이 하차하지 못했다고[승객의 운영·승하차의 운영] 추론할 수 있다. 이런 경우에는 승하차의 운영을 인위적으로 개선하면 승객의 승하차가 가능하다.

③ 간궁의 구성숫자 4는 정상이지만 손궁은 흉살로 파손된 경우 : 출입문의 체인 간궁이 온전하므로 출입문이 정상적으로 작동하지만, 승객 4의 체인 손궁이 작동하지 않았다. 즉, 승객이 잘못하여 승하차가 실행되지 않았다.

④ 간궁의 구성숫자 4가 흉살로 파손되고 손궁도 흉살로 파손된 경우 : 출입문의 체인 간궁이 파손되어 출입문이 작동하지 않고, 손궁도 흉살로 파손되었으므로 승객과 승하차의 근본 자체가 작동하지 않았다. 출입문이 작동하지 않는 동시에 승하차의 근본 자체가 작동하지 않으므로, 운용의 묘를 살린다고 해도 다음 오작동 사례처럼 사건 발생 시간대에서는 승하차를 할 수 없다.

9 ⓟ		
	시반	
4 대충		

출입문과 승하차가 모두 오작동한 사례

양둔 기간인 2012년 양력 2월 11일에 용산역을 출발해 광주역까지 운행하는 호남선 새마을호 열차가 오후 8시 2분 장성역에 도착했는데, ○번 객차의 문이 열리지 않아 하차 승객 16명 중 6명이 내리지 못했다.

탑승객 A씨는 "장성역에서 하차를 기다렸지만 끝내 문이 열리지 않은 채 열차가 출발했다. 그래서 열차가 다시 출발한 즉시 열차 승무원에게 항의하였으나 '역주행이 불가능하므로 다음 역에서 내리라'는 통보를 받았다"고 전했다.

이후 코레일 관계자는 "CCTV 확인 결과 열차가 해당 역에서 정차를 하였지만, ○번 객차의 문이 열리지 않은 채 열차는 다시 출발하였다"고 말하여 사건의 진상을 명확하게 밝혀주었다.

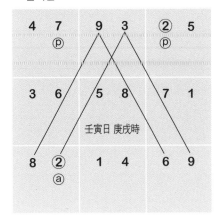

사건 발생 당시를 보여주는 시반에서 다음 그림처럼 열차의 체인 건궁과 용인 6이 모두 온전하므로 열차는 정상적으로 작동하면서 운영된다. 따라서 열차의 운행 지연이나 역주행이 없었다.

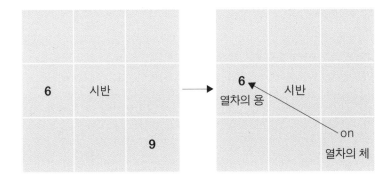

그러나 다음 그림처럼 출입문의 체인 간궁, 그리고 승하차와 승객의 체인 손궁은 흉살로 파괴되어 작동하지 않는다. 따라서 출입문인 ○번 객차의 문만 열리지 않았고, 장성역에서 승객의 재하차를 위한 어떠한 시도도 이루어지지 않았다. 이것은 승객과 승하차의 근본적인 작동 여부를 결정하는 손궁이 흉살로 파괴되었기 때문이다.

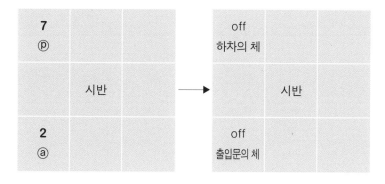

2) 기관사

지하철 역주행 사건이 발생한 후에 신문기사를 통해 지하철 기관사가 1972년 임자년 (壬子年)생 남자임이 알려졌다. 따라서 이 1972년생 남자를 기준으로 삼아 지하철 역 주행 사건을 구성기학의 관점에서 해석한다. 앞서 지하철의 경우과 마찬가지로 기관 사의 체에서 용으로, 그리고 생년지지 순서로 해석해 나간다.

❶ 기관사의 체

기관사가 1972년 임자년(壬子年)생이므로, 본명성은 1이고 체는 감궁이다. 역주행 시 간대를 표시한 시반에서 본명성 1의 체인 감궁이 암검살을 맞은 6[지하철]에 의해 파 괴되었다. 또한 일반 감궁이 온전한 상태에서 생년지지 자(子)가 입중하였다. 그러나 연월반에서는 감궁이 온전하므로, 기관사의 몸체는 역주행 발생 시간대에서만 일시 적으로 작동하지 않는다. 따라서 정신이 흐린 승객의 항의를 받은 기관사가 일시적으 로 신체의 신진대사가 원활하지 못해 판단력이 마비되었다고 추론한다.

여기에서 기관사의 체인 감궁이 파괴된 이유는, 간궁의 생년지지인 축[丑, 출입문 의 내부공간 상태](①)이 들어 있는 이궁[출입문의 부품 중 화학장치]의 오황살[화학 장치의 고장]로부터 발생한 암검살을 맞아 파괴된 6[지하철의 잘못된 운영](②) 때문 이다.

다음으로, 지하철의 체인 건궁을 보고 지하철의 근본적인 작동 여부와 고장 여부를 파악한다. 시반에서 건궁이 온전하므로, 지하철은 잘 작동하지만 일시적으로 기관사의 판단력이 마비되어 운용을 잘못한 것이다.

또한 다음 그림에서 보듯이, 지하철 운용을 잘못되게(①) 만든 근본 원인인 출입문(②)의 화학장치 고장[시반 이궁의 오황살]이 승객의 정신을 흐리게 만들고(③),동시에 내 입장에서 작동하지 않는[암검살을 맞은 일반 건궁](④) 지하철[일반 중궁의 6]과 함께 내[시반 중궁의 1]가 사면초가에 처하게[중궁] 만든다.

참고로 이궁은 추상적 의미로 진상규명을 뜻하기도 한다. 따라서 시반 이궁의 오황살은 진상규명을 어렵게 만든 것으로 해석할 수 있고, 역으로 오황살을 맞은 이궁은 진상규명이 근본적으로 어렵다는 뜻으로 이해할 수 있다. 심지어 이궁은 일반까지 파살로 파괴되어서 지하철 역주행의 사건 전모가 밝혀지기는 어렵다.

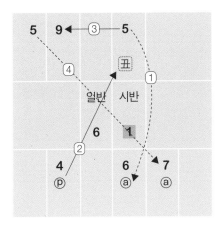

❷ 기관사의 용

기관사 입장에서 주어가 되어 능동적인 상황을 보여주는 시반의 본명성 1은 작동하지 않는 6과 함께 입중하였다. 이것은 기관사가 본인 입장에서는 작동하지 않는 지하철과 함께 사면초가에 처했다는 의미다.

　또한 기관사에게 수동적인 상황이 되는 일반의 본명성 1은 이궁에서 시반의 오황살에 의해 동회를 당한다. 이것은 지하철을 역주행하게[시반 감궁에서 암검살을 맞은 6] 만든 난동 승객의 정신을 흐려지게 한 소란[시반 이궁의 오황살]에 의해 기관사의 머리가 아프고 구설수에 오르게 됨[이궁]을 의미한다.

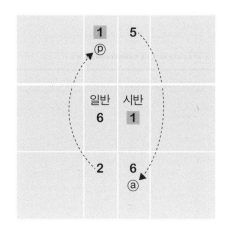

❸ 기관사의 생년지지

1972년 임자년(壬子年)생 기관사의 생년지지인 자(子)는 역주행 발생 당시 암검살을 맞아 파괴된 감궁에 들어가 있다. 이것은 기관사를 구성하고 있는 부속품 중에서 냉각장치가 고장났다는 것을 의미한다. 따라서 기관사가 냉정함을 잃게 된다고 추론할 수 있다.

주식의 체는 이궁이고, 용은 구자화성(9)이다. 그러나 주식시장의 종합주가지수는 이궁에 의해서만 결정되지 않고 다양한 변수에 의해 변동 폭이 결정된다. 따라서 이궁을 주식의 체로, 구자화성을 주식의 용으로 설정하는 방식은 주로 개인의 주식투자 성공 여부를 판별할 때에만 사용한다. 주식의 체인 이궁과 본명성의 관계 또는 주식의 용인 구자화성과 본명성의 관계의 길흉을 통해서 개인의 주식투자의 성패를 판별할 수 있다. 이궁과 9가 흉살로 파괴되어도 본명성과 관계가 있어야 투자 실패로 본다. 참고로 외환투자(FX : Foreign Exchange)도 주식처럼 체는 이궁이고, 용은 구자화성이다.

■ 주식의 체와 용

	주식	

주식의 체와 용

주식의 체는 이궁이고, 용은 구성숫자 9이다. 이궁과 9의 관계만으로 운추론을 하지 않고, 이궁과 본명성의 관계 또는 구성숫자 9와 본명성의 관계를 통해 개인 주식투자의 성패를 판단한다.

음둔 기간인 2009년 양력 7월 27일 신시(申時)에 1977년생 남자로부터 전화가 왔다. 이 남자는 외환투자를 하다 1억 정도 손실이 났고, 손실금 중 상당 부분이 빚으로 남았다. 부모님이 부동산을 팔아서 빚을 정리해주었는데, 일(집배원)을 그만둘까 고민 중이라고 말했다. 그러나 현재 일을 그만두지 않고 계속 다니고 있다.

■ 일시반

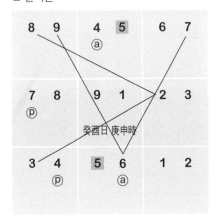

■ 연월반

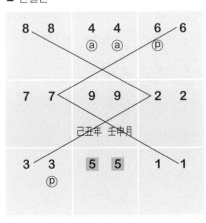

문점 당시 상황을 보여주는 시반에서 주식의 체인 이궁이 5대5 대충을 맞아 파괴되었다. 구성숫자 5는 이 77년생 남자의 본명성에 해당한다. 본인이 스스로 주식의 체인 이궁을 파괴시켰으므로, 본인이 잘못하여 본인이 사용하는 주식을 작동하지 못하게 망가뜨린 것이다.

　여기에서 본인 잘못인 이유는 대충은 참여한 구성숫자가 스스로를 파괴시키는 흉살로서 자발적으로 일으키는 재난이기 때문이다. 또한 본인이 사용하는 주식인 이유는 문점한 시간에 의해 작성되는 구성기학 명반 자체가 문점한 본인이 사용하는 삼라만상의 체와 용을 구궁과 구성숫자로 표시한 도표이기 때문이다.

문제는 시반에서 주식의 체인 이궁이 파괴된 것이, 문점 당일을 표시하는 일반 이궁까지 확대되어 암검살로 파괴된 것이다. 또한 문점한 당월과 당년을 표시하는 월반과 연반의 이궁까지 확대되어 암검살로 파괴된다. 이것은 이 남자가 사용하는 주식이 문점한 시점부터 일년 내내 망가진 상태가 된다는 것을 의미한다.

또한 다음 그림에서 보듯이 일반, 월반, 연반 모두에서 이 남자의 본명성 5에 의해 발생하는 암검살 때문에 주식의 체인 이궁이 파괴된다. 이것은 이 남자 자신의 잘못으로 본인이 사용하는 주식이 문점한 순간부터 일년 내내 망가진 상태가 된다는 의미다. 따라서 주식투자 실패로 손실 금액이 매우 커져서 거의 1억원에 가까웠다.

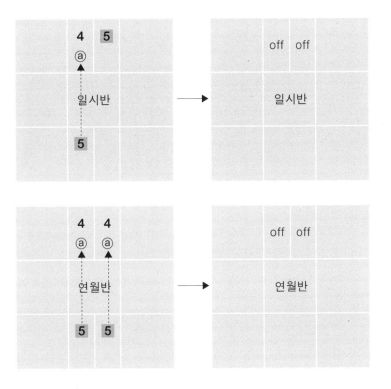

주가 상승으로 투자에 성공한 경우

음둔 기간인 2011년 양력 12월 12일 진시(辰時)에 1979년생 남자가 문점 시간부터 당일 오후 3시 폐장 때까지의 주식투자에 대한 성패를 문의한 다음 주식을 매수하였다. 구성기학 일시반의 예측대로 종합주가지수가 25포인트 상승하여 이 남자도 돈을 벌었다.

■ 일시반

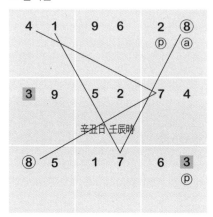

문점한 시간으로 만든 구성기학 명반은 문점한 사람이 그 시간에 사용하는 구궁과 구성숫자, 간지를 표시한 것이다. 따라서 문점한 사람이 투자한 주식의 성패 역시 주식의 체인 이궁의 상태, 그리고 주식의 용인 구성숫자 9와 본명성의 관계를 통해 판별할 수 있다.

다음 일시반에서 주식의 체인 이궁은 시반과 일반 모두에서 온전하다. 따라서 이 남자가 투자한 주식은 현재부터 미래까지 모두 온전하게 잘 작동한다.

일시반에서 시반은 문점한 순간의 상태를 표시하는데, 문점한 순간은 과거에서부터 이어져 왔으므로 시간 계층구조에서 과거부터 현재까지를 보여준다.

또한 일반은 문점한 순간을 포함하는 당일 중에서 시반에 해당하는 문점 시간을 제외한 나머지 시간의 상황을 표시한다. 일반은 시간 계층구조에서 시반을 토대로 삼아 미래에 대한 정보를 알려주는 첫 번째 명반이다. 이런 이유로, 구성기학으로 미래 상황을 예측할 때에는 반드시 시반을 토대로 일반을 사용한다. 다시 말해서, 시반을 토대로 삼은 일반은 미래를 결정하는 초기조건이 되는 것이다. 만약 시반이 흉살로 파괴된 상태에서 일반마저 흉살로 파괴된 경우에는 반드시 월반과 연반을 조사하여 지속기간, 응기 시기를 계산해야 한다.

> **시반과 일반의 포함 관계**
>
> 시반은 문점한 순간을 표시하고, 일반은 문점한 순간을 포함한 당일 중에서 시반의 시간대를 제외한 나머지 시간의 상황을 보여준다. 일반에 시반이 포함된다고 생각하기 쉽지만, 실제로는 그렇지 않다.

앞서 이궁을 통해서 이 남자가 투자한 주식 종목이 원활하게 작동하고 있음을 파악했다. 다음으로, 이 주식 종목의 운용 상태를 알아보기 위해 주식의 용인 9와 이 남자의 본명성이 어떤 관계인지를 조사한다.

첫 번째로, 시반에서 구성숫자 9가 본명성 3의 체인 진궁에 들어와 있다. 이것은 본명성 3의 몸 안에 주식이 들어와서 운용되고 있다는 의미다. 따라서 이 남자가 주식을 매수했음을 알 수 있다.

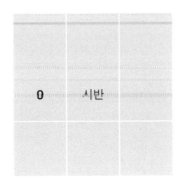

참고로 다음 그림을 보면 주식의 체인 이궁이 온전하므로 매우 상태가 좋은 주식을 매입했다는 것을 알 수 있다. 또한 주식의 체인 이궁에 구성숫자 6이 들어가서 운용되고 있으므로 6이 상징하는 자동차 또는 대기업 관련 주식임을 파악할 수 있다.

두 번째로, 일반을 보면 구성숫자 9는 이궁에서 온전하고, 본명성 3도 진궁에서 온전하다. 따라서 이 남자가 투자한 주식 종목은 당일 내내 상태가 양호함을 알 수 있다. 실제로 폐장 전까지 이 남자가 투자한 주식 종목은 종합주가지수 상승폭과 동일하게 올랐다.

	9	
3	일반	

주식투자에 실패한 경우

음둔 기간인 2009년 양력 7월 22일 사시(巳時)에 1962년생 남자가 다음 내용을 문의하였다. 외부로부터 정보를 듣고 주식에 오천만원을 이미 투자했는데 수익을 낼 수 있을지의 여부이다. 결과는 구성기학의 시반에서 나온 것처럼 수익을 내지 못하였다. 그러나 구성기학의 일반과 월반에서 나온 것처럼 큰 손해는 없었다.

■ 일시반

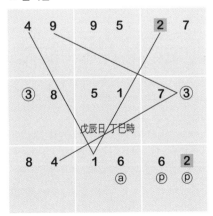

■ 연월반

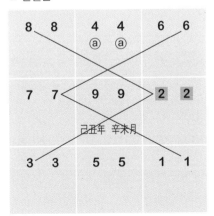

이 경우는 문점자가 이미 이틀 전에 투자를 하고 문의한 것으로, 문점을 한 순간에는 이미 주식투자의 성패가 결정되어 있었다. 따라서 과거부터 현재까지의 상황을 표시하는 시반이 판단의 기준점이다.

시반을 보면 주식의 체인 이궁이 다음 그림처럼 오황살을 맞아 파괴되었다. 따라서 문점한 1962년생 남자가 사용하는 주식은 작동하지 않거나, 몸체가 망가져서 전원이 아예 켜지지도 않은 상태이다. 이렇게 작동하지 않는 주식의 체는 주식의 용인 구성 숫자 9를 통해서(①) 본명성 2와 연결된다(②). 손궁의 9에 의해서 이 남자의 본명성 2는 건궁에서 파살을 맞은 것이다. 이를 문장으로 바꾸어 서술하면 다음과 같다. 잘못된 주식[9]에 의해서 이 남자[2]는 투자에 실패하였다[파살을 맞은 건궁]. 따라서 이미 투자한 주식은 수익을 내지 못하였다.

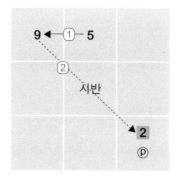

그러나 시반을 토대로 삼아 미래를 결정하는 초기조건인 일반에서는 주식의 체인 이궁과 주식의 용인 9가 모두 온전하므로 앞으로는 상황이 나쁘지 않다. 그래서 이미 투자한 주식이 수익을 내지는 못했지만 거의 본전에 가까워서 그다지 큰 손해는 안 보았다.

9

일반

여기에서 주목해야 할 점은 특정한 궁이 흉살로 파괴된 효과가 시간 계층구조에서 연속성을 갖는지 파악하는 것이다. 특정한 궁이 시반에서 흉살로 파괴된 상태가 일반까지 확대되어 같은 궁이 흉살로 파괴되는 경우, 또는 시반은 일반 파괴 유발자를 담고 있으면서 일반에서 흉살로 파괴되고 다시 시간의 연속선상에 있는 월반까지 확대된 경우에만 흉함의 정도가 커진다. 하지만 이번 사례처럼 특정한 궁이 시반에서는 흉살로 파괴되었지만 일반에서는 온전하고 월반에서는 흉살로 파괴된 경우에는 시반과 월반이 시간의 연속선상에서 연결고리가 없기 때문에 시반의 흉함이 그 시간에만 제한되어 나타난다. 또는 과거부터 현재까지는 흉했지만, 지금부터 미래까지의 상황은 흉하지 않다고 나타난다.

지금까지 알아본 바와 같이, 특정 사건의 성패를 판별할 때는 연속적인 시간 계층구조에서 어느 단면을 자를지 미리 계산해야 정확하게 추론할 수 있다. 만약 투자를 하기 전에 문점을 했다면 앞의 첫 번째 사례와 두 번째 사례처럼 시반을 출발점으로 삼아서 일반, 월반, 연반 모두를 계산해야 사건의 크기, 지속 기간, 응기 시기 등을 정확히 구할 수 있다. 이번 사례처럼 이미 투자를 한 상태에서 문점을 하는 경우에는 시반에 이미 문점 대상인 투자의 성패가 나와 있다.

6 경매

경매의 체는 이궁이고, 용은 구자화성(9)이다. 경매의 체인 이궁과 경매의 용인 구자화성을 통해서 경매가 낙찰될지 또는 유찰될지를 판별할 수 있다.

낙찰은 경매 대상인 동산, 부동산, 사업권 등이 입찰에 참여한 사람이나 업체에 돌아가도록 결정하는 일이고, 유찰은 입찰 결과 낙찰이 안 되고 재입찰이 예정되는 것을 말한다.

경매의 체와 용

경매의 체는 이궁이고, 용은 구성숫자 9이다. 경매의 체인 이궁과 경매의 용인 9의 관계를 통해 경매 낙찰 여부를 판단한다. 먼저 경매의 체인 이궁이 흉살로 파괴되지 않고 온전하게 작동하는 상태에서 용인 9가 문점자에게 유리하게 작용해야 경매운이 길하다.

■ 경매의 체와 용

	경매	

부동산 경매에서 낙찰받지 못한 경우

음둔 기간인 2011년 양력 12월 11일 일요일 신시(申時)에 1947년 정해년(丁亥年)생 남자가 문의한 내용이다. 같은 달 13일 화요일에 부동산 경매에 입찰하려고 하는데 낙찰을 받을 수 있는지를 물었다.

결과는 구성기학 일시반의 예측대로 또 다른 입찰자가 이 남자보다 훨씬 높은 가격을 제시하여 낙찰을 받았다. 결과적으로 이 남자는 부동산 경매에서 낙찰을 받는 데 실패하였다.

■ 일시반

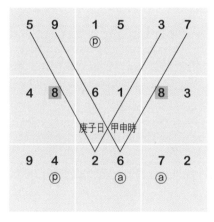

■ 연월반

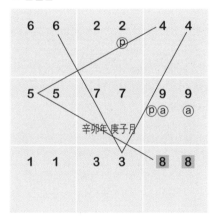

문점한 내용을 가장 쉽게 추론하려면 먼저 문점 내용에 해당하는 관련 상수의 체를 보고, 다음으로 용을 조사한다. 이번 사례는 문점 내용이 경매이므로, 먼저 경매의 체인 이궁을 시반→일반 순서로 조사하고, 다음으로 경매의 용인 9를 역시 시반→일반 순서로 조사한다.

이런 순서로 추론함으로써 문점한 사람이 사용하거나 앞으로 사용할 예정인 경매가 잘 작동하는지를 먼저 파악하고, 경매가 잘 작동하고 있으면 그 다음으로 경매의 운용이나 쓰임이 문점한 사람에게 유리한지 불리한지를 알아낼 수 있다.

　이해를 돕기 위해 경매를 지하철로 바꾸어 설명하면, 지하철에 전기가 공급되어 작동해야만 순주행이나 역주행을 할 수 있다. 만약 지하철의 전원이 꺼져서 작동하지 않으면 순주행을 하는지 역주행을 하는지에 대한 질문 자체가 성립하지 않는다. 따라서 항상 체가 우선이고, 체가 정상이어서 작동하는 경우에만 용이 의미를 갖는다.

이 남자가 특정 사항이 궁금하여 문점을 하는 동시에 효력이 발생하는 일시반에서, 이 남자가 사용하는 경매의 체인 이궁은 다음 그림처럼 시반에서는 오황살로 파괴되었으며, 일반에서는 파살로 파괴되었다. 따라서 이 남자의 문점 대상인 경매건은 현재부터 미래 시점까지 아예 전원이 들어오지 않아서 작동하지 않는 지하철과 마찬가지로 이 남자한테는 아예 존재하지 않는 것과 같다.

　또한 이렇게 체가 작동하지 않는 경우에는 아예 용의 의미가 없어진다. 즉, 경매의 용에 해당하는 구성숫자 9는 더 조사할 필요조차 없다.

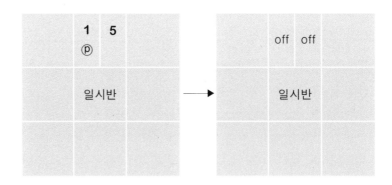

게다가 일시반에서 흉살로 파괴되어 작동하지 않는 이궁은 다음 그림처럼 월반까지 파살로 파괴되어 작동하지 않는다. 따라서 이 남자는 당월인 경자월(庚子月)까지 부동산 경매에서 별 소득을 얻지 못하였다.

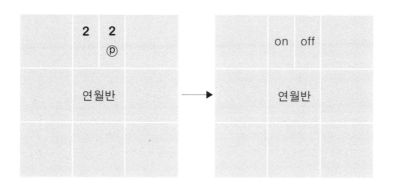

경매로 아파트를 낙찰받은 경우

음둔 기간인 2010년 양력 9월 14일 사시(巳時)에 1971년 신해년(辛亥年)생 남자가 아파트 경매 입찰에 참여한다면서 전화로 문의하였다. 질문 내용은 다음과 같다. 은행에서 담보로 잡았던 25평형과 32평형 아파트를 경매에 내놓았는데 어떤 평수에 입찰해야 낙찰을 받기 유리하며, 낙찰을 받기 위해서는 돈이 어느 정도 필요한가이다.

■ 일시반

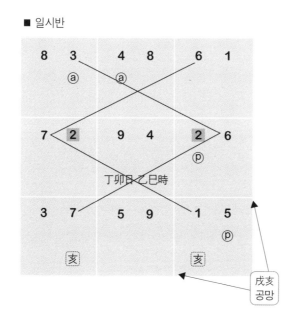

❶ 낙찰 가능성 판단

먼저 이 1971년생 남자가 낙찰을 받을 수 있는지의 여부이다. 경매가 을사시(乙巳時)에 진행되므로 시반을 위주로 추론한다. 이 남자가 사용하는 경매의 체인 이궁은 흉살로 파괴되지 않아서 온전하다. 경매가 잘 작동하므로 예정대로 진행된다. 또한 경매의 용인 9도 시반 감궁에 들어가서 흉살로 파괴되지 않고 온전하므로 경매의 쓰임도 온전함을 알 수 있다.

더욱이 다음 그림처럼 이 남자의 생년지지인 해(亥)가 7과 함께 간궁에 위치하는데, 이 궁을 대표하는 구성숫자 8이 경매의 체인 이궁에 들어가서 잘 운영되고 있다. 이것은 경매가 진행중인 을사시(乙巳時)에는 이 남자가 태어나면서 가지는 공간인 해(亥)에 간궁이 의미하는 부동산(또는 건물)이 채워져 있고, 이 부동산이 경매의 몸체인 이궁에 들어가서 잘 운영되고 있음을 의미한다. 역으로 표현하면, 경매 대상인 부동산이 이 남자의 태생적인 공간 안에 들어와 있다는 의미다. 따라서 이 남자는 경매에서 낙찰을 받았다.

그렇다면 본명성이 2대2 대충을 맞은 것은 어떻게 해석하는가? 이것은 본명성이 2인 이 남자가 작동하지 않는 돈[일반 진궁의 7]과 함께 잘못된 시작을 한 것을 알려준다. 더불어 2는 아파트도 상징하므로, 이 아파트의 쓰임이 진궁의 의미처럼 소리만 있고 형체는 없어서 결과적으로는 실속이 없음을 알려준다.

또한 일반 태궁에서 이 남자와 아파트를 상징하는 2가 파살을 맞아 파괴되었으므로, 미래에 아파트와 이 남자는 돈을 벌지 못한다고 추론할 수 있다.

경매가 예정대로 잘 진행되는지를 알기 위해 경매의 체인 이궁을 살펴보면 시반에서는 온전하여 잘 작동하지만, 일반에서는 암검살로 파괴되어 잘 작동하지 않는다.

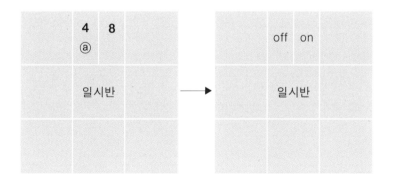

그럼에도 불구하고 경매가 예정대로 잘 진행된 것은 일반이 영향력을 발휘하는 시간 범위 때문이다. 일반의 시간 범위는 당일 전체에서 문점한 시간이 포함된 시(時)를 제외한 나머지 시(時)에 해당한다. 쉽게 말해서 일반의 시간 범위는 시반을 제외한 당일의 시(時)로 이루어진다는 의미다. 이런 이유로 문점 당시 상황은 시반이 전담하고, 일반은 시반의 전체 환경으로서만 작용한다. 만약 일반이 문점 시간이 포함된 시(時)에

까지 영향을 미친다면 시반에서는 경매가 잘 진행되지만, 일반에서는 경매가 예정대로 진행되지 않는다. 따라서 판별 기준이 불명확해질 뿐만 아니라, 일시반에서 시반이 주어가 된다는 동회의 개념도 무너지게 된다.

■ 일반과 시반의 시간 포함관계

이제까지 이 남자가 경매에서 낙찰받을 가능성을 알아보았다. 그렇다면 25평형과 32평형 중에서 이 남자가 낙찰을 받기에 유리한 아파트 평수는 무엇인가? 답은 큰 평수인 32평이다. 왜냐하면 시반에서 경매의 체인 이궁에 건물을 의미하는 8이 들어가서 운영되기 때문이다. 만약 경매의 체인 이궁에 2가 들어가서 운영된다면, 2는 작은 규모인 집이나 상가를 의미하므로 25평형이 유리하다.

	8 [큰 규모]	
	시반	

	2 [작은 규모]	
	시반	

❷ 낙찰을 받기 위한 금액

이제 두 번째 문점 내용을 추론한다. 낙찰을 받을 수 있는 금액을 알려면 경매의 용인 9가 시반의 어느 궁에 위치하는지를 조사한다. 경매의 용인 9가 감궁에 들어가서 운용되므로 감궁의 선천수를 읽어주면 된다. 감궁은 수(水)에 해당하고, 숫자로는 1이나 6이므로 낙찰 가능 금액은 1억이다. 여기에서 선천수는 하도(河圖)에 나오는 숫자로서 하도수(河圖數)라고도 한다.

■ 하도

■ 하도 숫자 배열

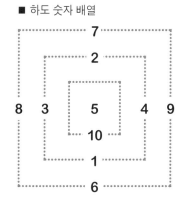

■ 후천팔괘로 이루어진 구궁의 선천수

3 또는 8 (사록목성)	2 또는 7 (구자화성)	5 또는 10 (이흑토성)
3 또는 8 (삼벽목성)	5 또는 10 (오황토성)	4 또는 9 (칠적금성)
5 또는 10 (팔백토성)	1 또는 6 (일백수성)	4 또는 9 (육백금성)

선천수의 사용법을 익히기 위해서 다른 사례를 좀더 살펴본다. 다음 그림처럼 돈을 상징하는 7이 손궁에 들어간 경우에는 7이 주어가 되고, 손궁이 서술어로 사용된다. 그래서 돈[구성숫자 7]이 거래된다[손궁]고 추론하는데, 거래되는 돈의 크기는 3 또는 8이다. 왜냐하면 돈의 용인 7이 들어가 있는 궁이 손궁인데, 손궁은 선천수로 3 또는 8이기 때문이다.

용인 구성숫자가 들어가 있는 구궁의 선천수를 돈의 크기로 읽는 이유는, 구성숫자는 사람이나 사물을 의미하고, 궁은 그러한 사람이나 사물이 머무는 공간이기 때문이다. 다시 말해서, 사람이나 사물은 환경인 공간 상태로부터 영향을 받기 때문이다.

한편, 경매에 나온 아파트의 현재 상태는 시반 곤궁을 보고, 미래 상태는 일반 곤궁을 보고 판단한다. 시반에서 아파트의 체인 곤궁에 보이지 않음을 의미하는 1이 들어가 있는데, 이는 경매 당시에 아파트가 은행에 담보로 잡혀 있었음을 의미한다. 또한 일반에서 아파트의 체인 곤궁이 흉살로 파괴되지 않고 잘 작동하고 있는 것은 낙찰을 받은 후에도 아파트가 잘 작동하여 아파트에 살던 사람이 법원의 명령대로 문제 없이 이사할 예정임을 알려준다.

세계정세와 국운 ⑦

구성기학은 일상의 다양한 사건이나 상황뿐만 아니라, 세계정세나 국운(國運)처럼 거시적인 미래를 예측할 때에도 유용하다. 방법으로는 삼원구운반(三元九運盤)과 연반을 동시에 표기한 도표(명반)를 체용구성기학으로 해석한다. 특히 특정한 달의 상황을 예측할 때에는 천둔에 해당하는 연반과 월반을 동시에 표시한 연월반을 해석한다. 천둔의 개념은 『역학 원리를 과학적으로 분석한 구성기학』 p.88~89에 자세한 설명이 있다.

삼원구운반은 처음 나오는 용어인데 연반의 전체 환경으로 사용된다. 임진년(壬辰年)이라도 상원갑자의 임진년(壬辰年)인지, 중원갑자의 임진년(壬辰年)인지, 하원갑자의 임진년(壬辰年)인지에 따라서 소속된 전체 환경이 달라진다. 이러한 차이를 삼원구운반으로 표시한다.

삼원구운반의 중궁에 표기되는 구성숫자를 운수(運數)라고 하는데, 생성 원리는 다음과 같다. 60갑자년(甲子年)이 상원(上元), 중원(中元), 하원(下元)에 걸쳐서 3번 순환한 삼원갑자(三元甲子)는 180년이고, 이 180년을 구성(九星)으로 나누면 몫이 20년이다. 이 20년이 하나의 운수가 되어 다음 표처럼 삼원구운의 운수가 정해진다. 이 표에는 운수의 개념을 삼원구운반에 적응하기 쉽도록 최근의 연대(年代)를 함께 표시하였다.

> ✔ **삼원구운반의 의미**
>
> 상원, 중원, 하원의 삼원갑자 180년을 구성으로 나누면 몫이 20년인데, 이 20년이 하나의 운수가 되어 삼원구운의 운수가 정해진다. 삼원구운반의 중궁에 표기되는 구성숫자를 운수라고 한다. 삼원구운반은 연반의 전체 환경으로 사용되며, 세계정세나 국운처럼 거시적인 미래를 예측할 때 유용하다.

■ 삼원구운의 운수

	상원 60甲子년의 운수와 연대	중원 60甲子년의 운수와 연대	하원 60甲子년의 운수와 연대
甲子연대와 甲戌연대	1 (1864~1883년)	4 (1924~1943년)	7 (1984~2003년)
甲申연대와 甲午연대	2 (1884~1903년)	5 (1944~1963년)	8 (2004~2023년)
甲辰연대와 甲寅연대	3 (1904~1923년)	6 (1964~1983년)	9 (2024~2043년)

위의 표를 이용하여 2012년 임진년(壬辰年)의 삼원구운반과 연반을 만들면 다음과 같다. 2012년은 위 표에서 2004~2023년 사이이므로 2012년 임진년의 운수는 8이 된다. 다른 해 역시 이와 같은 방법으로 삼원구운반의 중궁에 표기되는 구성숫자를 구하면 된다.

■ 삼원구운반

7	3	5
6	8	1
2	4	9

■ 삼원구운반과 연반

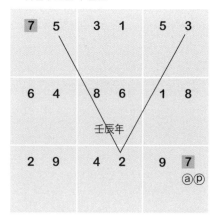

예로 든 하원갑자 임진년(壬辰年)의 삼원구운반과 비교하기 위해 중원갑자 임진년(壬辰年)에 해당하는 1952년의 삼원구운반과 연반을 만들면 다음과 같다.

■ 삼원구운반

4	9	2
3	5	7
8	1	6

■ 삼원구운반과 연반

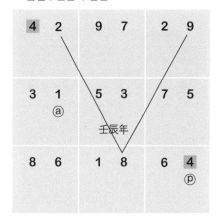

4 2	9 7	2 9
3 1 ⓐ	5 3 壬辰年	7 5
8 6	1 8	6 4 ⓟ

다음으로, 세계정세나 국운을 예측하기 위해서는 삼원구운반과 함께 구궁에 대응하는 국가를 알아야 한다. 다음은 구성기학에 사용하는 구궁별 세계 배당도이다.

■ 구궁별 세계 배당도

동남아시아	오세아니아	아프리카, 서남아시아
일본	중국(낙양)	북아메리카
한국	러시아	유럽

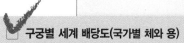

구궁별 세계 배당도(국가별 체와 용)

① 한국 : 체는 간궁이고, 구성숫자는 8이다.

② 일본 : 체는 진궁이고, 구성숫자는 3이다.

③ 미국 : 체는 태궁이고, 구성숫자는 7이다.

각 구궁에 대응하는 국가는 12차(次)와 28수(宿)를 이용한 공간 구획 체계인 중국의 분야설(分野說)에 의해 결정된다. 분야설은 고대 점성술의 기초 이론으로, 12차는 하늘을 서쪽에서 동쪽으로 12등분한 것, 28수는 하늘의 주요 별을 서쪽에서 동쪽으로 분할한 것이다.

분야설의 기원은 전국시대 이전이며, 전국시대에 중국 전토를 12차와 28수 등의 별의 위치로 배당하면서 활성화되었다고 추정한다. 전국시대는 기원전 770년에 주(周)왕조가 낙양(洛陽)으로 천도한 이후인 동주(東周)시대의 후반기를 의미하므로, 분야설은 동주의 수도인 낙양을 기준으로 방위를 설정하는 것이 합리적이다. 실제로 다양한 분야설이 존재하지만, 낙양을 기준으로 설정한 분야설이 구성기학에서도 가장 적중률이 높다.

실전사례
01

2011년에 일어난 일본의 후쿠시마 대지진

양둔 기간인 2011년 양력 3월 11일 금요일, 일본 시간으로 오후 2시 46분에 일본 동쪽 후쿠시마에 규모 9.0의 대지진이 발생하였다. 그 결과 2만 명의 사상자와 45만 명의 이재민이 생겼다. 또한 지진으로 인한 후쿠시마 원전 사고로 8만 명이 대피하였다.

■ 삼원구운반과 연반

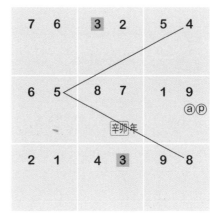

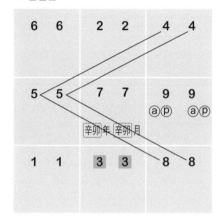

■ 연월반

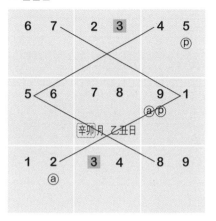

■ 월일반

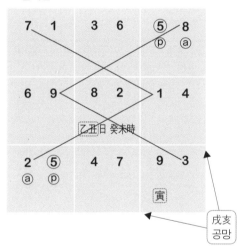

■ 일시반

지구 공전에 의해 발생하는 월(月)과 연(年)은 지구 위 관찰자의 위치와는 상관 없이 황도(黃道)에서 태양의 위치에 의해 결정되므로, 월반과 연반은 지구 위 관찰자의 위치와 관계 없이 지구 전체에 적용된다. 즉, 월반과 연반은 지구 전세계 국가가 사용하는 공통된 것이고, 구궁은 구궁별 세계 배당도와 같은 공간적 의미를 가진다.

구궁별 세계 배당도를 보면 연반과 월반에서 일본의 체는 진궁이고, 용은 3이며, 일본이 원래 위치한 공간은 묘(卯)궁이다. 다시 말해서 일본의 생년지지는 묘(卯)이다.

■ 일본의 체와 용

일본

❶ 연(年)으로 본 지진 발생 원인

2011년 신묘년(辛卯年)에 일본에서 대지진이 발생한 이유는 크게 두 가지이다.

첫째, 연반에서 일본의 체인 진궁이 오황살로 파괴되었다. 그 결과로 일본의 몸체가 작동하지 않거나 질병을 앓는다.

off 연반

그러나 다행스럽게도 삼원구운반에서는 진궁이 흉살로 파괴되지 않아서 일본 전체가 병들지는 않는다. 또한 연반 진궁에 삼합선이 지나서 질병에 대한 수습책이 존재한다. 따라서 대지진 때문에 일본 열도 전체가 피해를 입지는 않았다.

그럼에도 불구하고, 삼원구운반과 연반에서 일본의 용인 3이 3대3 대충으로 파괴된 결과 일본 전체가 지진으로 인해 정상적으로 운영되지는 못한다. 이런 운영상 어려움은 다음 그림에서 보듯이 연반에서 작동하지 않는 일본의 용인 3에 의해 삼원구운반과 연반에서 3대3 대충이 발생했기 때문이다. 다시 말해서, 삼원구운반에서는 일본의 용인 3이 온전하지만, 신묘년(辛卯年) 연반의 구성숫자 배치상 체가 파괴된 3 때문에 삼원구운반과 연반에서 3대3 대충이 발생한 것이다.

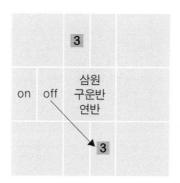

둘째, 일본의 생년지지인 묘(卯)가 연반에서 입중하면서 천간 신금(辛金)으로부터 극을 받는다. 다시 말해서, 일본이 위치한 묘(卯)궁이 중궁이 의미하는 썩음과 죽음으로 가득 찬 상태로 변한 것이다. 설상가상으로 묘(卯)궁은 천간 신금(辛金)으로부터 극을 받아서 하늘로부터도 큰 재앙을 받고 있는 상태이므로 대지진의 피해가 극심하였다.

■ 연반으로 본 일본 대지진 발생 원인

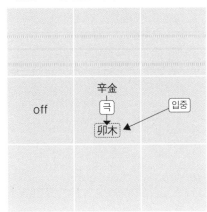

❷ 월(月)로 본 지진 발생 원인

신묘년(辛卯年) 중에서도 신묘월(辛卯月)에 대지진이 발생한 이유는 신묘년(辛卯年)에 발생한 이유와 거의 같아서 다음처럼 크게 두 가지이다.

첫째, 월반에서 일본의 체인 진궁이 오황살로 파괴되어 일본의 몸체가 작동하지 않거나 질병을 앓는다. 심지어 월반의 전체 환경인 연반 진궁까지 오황살로 파괴되어 일본의 몸체가 질병을 앓는 정도와 규모가 매우 크다. 오황살은 스스로 썩는 자발적 재난이라서 대개 지진과 같은 자연재해가 발생한다.

둘째, 일본의 생년지지에 해당하는 묘(卯)가 월반에서 입중하면서 천간 신금(辛金)으로부터 극을 받는다. 다시 말해서 일본이 위치한 공간인 묘(卯)궁이 중궁이 의미하는 썩음과 죽음으로 가득 찬 상태로 변한 것이다. 설상가상으로 묘(卯)궁은 천간 신금(辛金)으로부터 극을 받아서 하늘로부터도 큰 재앙을 받고 있는 상태이므로 대지진의 피해가 극심하였다. 구성반의 상황은 p.176 연반을 참조한다.

❸ 일(日)로 본 지진 발생 원인

신묘월(辛卯月) 중에서도 을축일(乙丑日)에 대지진이 발생한 이유는 크게 두 가지로, 첫 번째 이유가 전제조건이라면 두 번째 이유는 충족조건이다.

첫째, 천둔을 따르는 월반에서 일본의 용인 구성숫자 3이 을축일(乙丑日)의 월일반에서 다음 그림과 같이 3대3 남북대충으로 파괴되었다. 다만, 월일반에서 일반의 구성숫자 3은 월반의 3을 대충으로 파괴시키는 역할만 하고 일본의 용으로 사용되지는 않는다. 일반은 관찰자 입장에서 정의된 겉보기 태양시가 모여서 이루어진 당일에 의해 작성되므로 세계 전체가 아닌 단지 일본만을 보여주기 때문이다. 다시 말해서, 지둔에 의해 작성되는 일반에서 구성숫자 3은 세계 속의 일본이 아닌 일본 내 진궁에 해당하는 지역과 삼라만상의 용이기 때문이다.

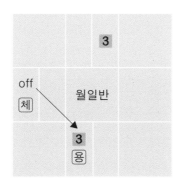

둘째, 일본 자체의 상황을 보여주는 일반에서 땅과 대지의 체인 간궁의 공간상태를 표시하는 축(丑)과 인(寅)이 모두 입중하거나 공망궁에 빠진 날이 오직 을축일(乙丑日)뿐이기 때문이다.

신묘월(辛卯月) 중에서 일구성이 8인 경우에만 앞서 설명한 첫 번째 원인인 3대3 남북대충이 발생한다. 신묘월(辛卯月) 중에서 일구성이 8인 날은 양력 3월 11일과 20일, 29일이다. 이 중에서 오직 양력 3월 11일 을축일(乙丑日)만 간궁의 생년지지인 축(丑)과 인(寅) 모두가 입중하거나 공망궁에 빠졌다.

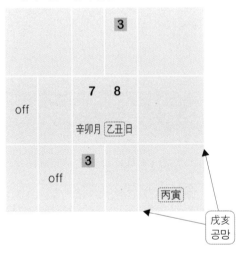

■ 양력 3월 11일의 월일반

하지만 양력 3월 20일 갑술일(甲戌日)에는 축(丑)과 인(寅)이 모두 입중하지도 않고 공망궁에 빠지지도 않았다. 또한 양력 3월 29일 계미일(癸未日)에는 축(丑)이 공망궁에 빠졌지만, 간궁의 또 다른 생년지지인 인(寅)은 입중하지도 않고 공망궁에 빠지지도 않았다.

이처럼 양력 3월 11일 을축일(乙丑日)에 땅과 대지의 체인 간궁의 공간 상태가 가장 나쁘므로 땅과 대지와 관련된 자연재해가 발생할 가능성이 가장 높다.

■ 양력 3월 20일의 월일반

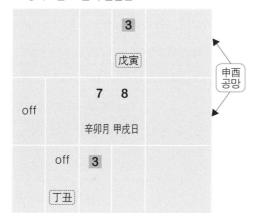

■ 양력 3월 29일의 월일반

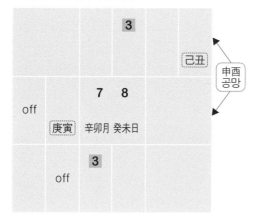

❹ 시(時)로 본 지진 발생 원인

을축일(乙丑日) 중에서도 계미시(癸未時)에 대지진이 발생한 이유는 계미시(癸未時)의 시반에서 땅의 체인 간궁이 무려 3개의 흉살 즉 오황살, 파살, 5대5 대충으로 파괴되었기 때문이다. 이렇게 흉살이 2개 이상이면 파괴되는 정도와 재난이 아주 심해진다. 사람으로 간주하면 즉사할 수도 있다.

또한 집, 상가, 사무실, 서민의 체인 곤궁 역시 시반에서 암검살로 파괴되고, 시반의 전체 환경인 일반에서 파살과 5대5 대충을 맞아 파괴되었다.

계미시(癸未時)에 발생한 대지진은 갑신시(甲申時)의 시반에서도 간궁이 파살로 파괴되므로 갑신시(甲申時)까지 지속되었다.

■ 을축일 계미시의 일시반   ■ 을축일 갑신시의 일시반

지금까지 설명한 해석 방법은 삼원구운반 → 연반 → 월반 → 일반 → 시반까지의 시간 계층상 내림차순식 해석 방법, 그리고 천반과 지반을 동시에 해석하는 방법을 파악하는 데 큰 도움이 된다.

1945년 미국의 일본 원자폭탄 투하

1945년 을유년(乙酉年) 8월에 미국은 두 번에 걸쳐 일본에 원자폭탄을 투하하였다. 8월 6일은 히로시마, 9일은 나가사키를 공격한 결과, 8월 15일 낮 12시에 일본의 쇼와 천황이 항복 선언을 하였다. 참고로 1945년은 삼원구운의 운수가 중원갑자 5이다.

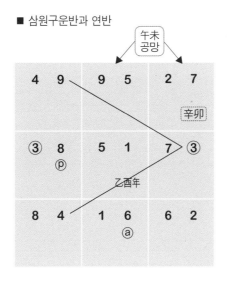

■ 삼원구운반과 연반

1945년 원자폭탄이 투하된 후 일본이 항복하게 된 이유는 크게 두 가지다.

① 일본의 체인 진궁이 삼원구운반과 연반에서 모두 흉살로 파괴되었다.
② 일본의 생년지지인 묘(卯)가 공망궁에 빠진 상태에서 천간 신금(辛金)으로부터 극
   을 받는다.

두 가지 이유를 좀더 자세히 살펴보자.

첫 번째 이유인 진궁은 다음 그림에서처럼 3대3 동서 대충으로 연반의 전체 환경인
삼원구운반까지 파괴되면서 그 정도와 규모가 매우 커졌다. 또한 태궁은 구궁별 세계
배당도에서 미국에 해당하는데, 연반에서 태궁의 3에 의해 발생한 파살 때문에 진궁
이 파괴되었다. 이것은 미국[태궁] 안에서 운영되는 원자폭탄[구성숫자 3]에 의해 일
본[진궁]이 심하게 파괴되는 것을 의미한다.

두 번째 이유는 일본의 생년지지인 묘(卯)가 공망궁에 빠진 상태에서 천간 신금(辛金)으로부터 극을 받는 것이다. 다음 그림에서 보듯이, 일본이 생성되면서 위치했던 공간인 묘(卯)궁이 1945년 을유년(乙酉年)에는 블랙홀처럼 삼라만상이 활력을 잃는 공망으로 가득 찬 상태에서 천간으로부터 극을 받는다. 따라서 일본은 하늘로부터 자연재해를 입거나, 외부 세력에 의해 큰 타격을 받게 된다.

참고로 일본의 용인 구성숫자 3이 3대3 동서 대충으로 연반 태궁에서 깨진 것은 일본의 활동[구성숫자 3]이 미국[태궁]에서 스스로 잘못되었음을 알려준다.

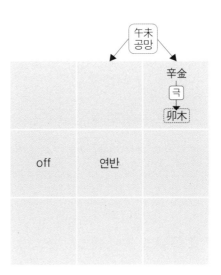

1592년의 임진왜란

1592년(선조 25년) 임진년(壬辰年)에 일본이 우리나라에 침입하였다. 이 해는 삼원구운의 운수가 중원갑자 5이다. 전쟁의 결과로 우리나라 국토가 황폐해지고, 인구가 크게 감소하였다.

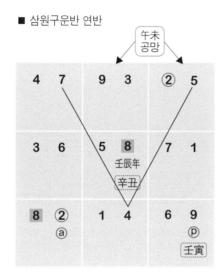

■ 삼원구운반 연반

우리나라는 구궁별 세계 배당도에서 간궁에 해당한다. 따라서 우리나라의 체는 간궁이고, 우리나라의 용은 구성숫자 8이며, 우리나라가 태생적으로 위치해 있던 공간인 생년지지는 축(丑)과 인(寅)이다.

■ 대한민국의 체와 용

대한민국

구성기학의 관점에서 1592년에 임진왜란이 발생한 이유는 크게 네 가지이다.

① 우리나라의 체인 간궁이 연반에서 암검살과 2대2 대충 등 2개의 흉살로 파괴되었다.
② 우리나라의 용인 구성숫자 8이 입중하였다.
③ 우리나라의 생년지지인 축(丑)과 인(寅) 중에서 축(丑)이 입중하였다.
④ 우리나라의 생년지지인 축(丑)과 인(寅) 중에서 인(寅)이 위치한 건궁이 파살을 맞아 파괴되었다.

이제 각각의 이유를 좀더 자세하게 살펴보자.

첫 번째 이유, 즉 우리나라의 체인 연반 간궁이 파괴된 것은 다음 그림처럼 삼원구 운반과 연반이 결합하면서 발생한 2대2 대충과 암검살이 원인이다. 이처럼 2개 이상의 흉살로 파괴되는 경우에는 몸체가 매우 심각한 질병에 걸릴 수 있기 때문에 1592년 임진년에 우리나라가 매우 극심한 질병에 걸린 것처럼 전혀 운신을 할 수 없게 되었다.

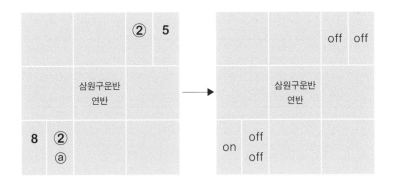

두 번째 이유, 즉 우리나라의 용인 8이 연반에서 입중한 것은 체가 파괴되어 운신을 전혀 할 수 없는 상황에서 나라의 경영도 사면초가에 처한 것처럼 난관에 봉착했음을 의미한다. 또한 다음 그림처럼 연반 중궁의 8이 5와 함께 입중했는데, 삼원구운반의 5는 연반에서 곤궁에 위치하여(①) 우리나라의 체인 간궁을 암검살로 파괴시키고 있다(②). 이것을 다음처럼 설명할 수 있다. 임진년에 우리나라[연반 중궁의 8]는 불한당[삼원구운반 중궁의 5]과 함께 사면초가에 처했는데, 실제로는 그 불한당[연반 곤궁의 5]이 우리나라[연반 간궁]를 병들게 만들었다.

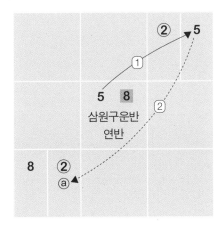

세 번째 이유, 즉 우리나라의 생년지지인 축(丑)이 입중한 것은 우리나라가 태생적으로 위치한 공간인 축(丑)궁이 중궁의 의미처럼 썩음과 죽음으로 가득 찬 상태임을 알

려준다.

네 번째 이유, 즉 우리나라의 생년지지인 인(寅)이 자리한 건궁이 파살로 파괴된 것은 우리나라의 내부공간을 형성하는 부속품 중 하나인 국가의 지도부와 국왕의 전원이 꺼져서 작동하지 않음을 의미한다. 즉, 왕과 신하들이 각자 제 역할을 못하여 임진왜란이 발생했음을 알려준다. 생년지지가 들어간 궁이 내부공간의 부품이 되는 근거는 앞서 자동차 부품을 찾아내는 방법을 설명할 때 제시하였다.

참고로 우리나라의 지도부를 의미하는 건궁의 상황을 살펴보면, 다음 그림처럼 이 궁에 위치한 일본[3]이 제시한 계약[9]에 대해 우리나라 지도부가 잘 대처하지 못했음을 알 수 있다. 실제로 임진왜란이 일어난 표면적인 이유는 명나라를 정벌하러 가도록 길을 비켜달라는 일본의 요구를 우리나라가 거절했기 때문이다.

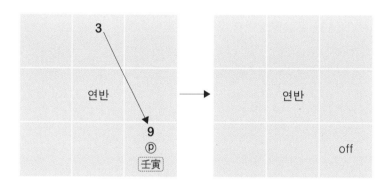

1910년의 한일합병조약

1910년 경술년(庚戌年)에 일본 제국주의가 대한제국을 완전한 식민지로 만들기 위해 강제로 한일합병조약을 체결하였다. 그 결과로 국권을 완전히 상실하면서 우리민족은 일제의 식민 통치를 받게 되었다. 1910년은 삼원구운의 운수가 상원갑자 3이다.

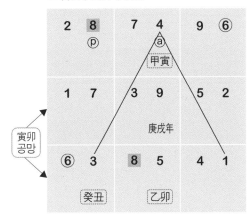

■ 삼원구운반과 연반

구성기학의 관점에서 1910년에 한일합병조약으로 우리나라가 국권을 강탈당한 이유는 크게 네 가지이다.

① 우리나라의 체인 간궁이 삼원구운반에서 6대6 대충으로 파괴된 상태에서, 연반에 일본의 용인 3이 들어와서 우리나라의 몸체를 운영하였다.

② 우리나라의 용인 구성숫자 8이 손궁에서 파살을 맞아 파괴되었다.

③ 우리나라의 생년지지인 축(丑)과 인(寅) 중에서 축(丑)이 공망궁에 빠졌다.

④ 우리나라의 생년지지인 축(丑)과 인(寅) 중에서 인(寅)이 위치한 이궁이 암검살을 맞아 파괴되었다.

위의 네 가지 이유를 좀더 자세히 살펴보면 다음과 같다.

첫 번째 이유, 즉 우리나라의 체인 간궁의 상황 변화는 크게 두 가지에 초점을 두고 있다. 먼저 삼원구운반과 연반이 짝짓기를 하여 발생한 6대6 대충이 삼원구운반의 간궁을 파괴시켜 1910년에 우리나라의 체인 연반 간궁의 전체 환경을 변화시켰다는 것이다. 이것은 다음과 같이 해석할 수 있다. 제국주의 열강들의 잘못[삼원구운반 간궁

의 6대6 대충]으로 우리나라의 전체 환경이 일본[연반 간궁의 3]에 유리하게 변했다. 여기에서 제국주의 열강[연반 곤궁의 6]은 몸 안에 썩은 물[연반 건궁의 1]이 들어와서 운영되므로 물에 빠져서 보이지 않는 것처럼 존재가 흐릿하다(①). 연반 건궁의 1이 썩은 물인 이유는 1의 체인 감궁이 오황살을 맞아 썩어버렸기 때문이다(②).

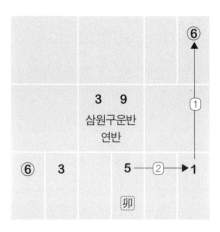

다음으로, 우리나라의 체인 간궁에 칼을 든 일본을 상징하는 3이 들어와서 우리나라를 조종한다는 점이다. 여기에서 일본이 칼을 들었다고 해석한 이유는 다음 그림처럼 일본의 체인 진궁에 칼을 상징하는 7이 들어와서 운영되기 때문이다.

두 번째 이유, 즉 우리나라의 용인 8이 손궁에서 파살로 파괴된 것은 일본이 조종하는

우리나라가 제국주의 열강들의 은폐와 방관 때문에 국권을 강탈당했음을 보여준다. 이런 해석이 가능한 이유는 다음과 같다.

　먼저 우리나라의 체인 간궁에 3이 들어가서 우리나라의 용인 8을 조종하므로 일본이 우리나라를 조종한다고 해석할 수 있다.

　다음으로, 우리나라의 용인 8이 건궁의 1에 의해 파살을 맞으므로 우리나라[손궁의 8]는 제국주의 열강들의 은폐와 방관[건궁의 1]으로 인해 자격(국권)이 날아갔다[손궁의 공간적 의미]고 해석할 수 있다.

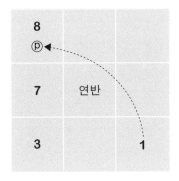

세 번째 이유, 즉 우리나라의 생년지지인 축(丑)이 공망궁에 빠진 것은 우리나라가 태생적으로 위치한 공간인 축(丑)궁이 블랙홀에 빠진 것처럼 삼라만상이 모두 없어지는 상태임을 알려준다.

　네 번째 이유, 즉 우리나라의 생년지지인 인(寅)이 들어 있는 이궁이 암검살로 파괴된 것은 우리나라의 내부공간을 구성하는 부속품 중 하나인 국권(법적인 자격)의 전원이 꺼져서 작동하지 않음을 알려준다.

　우리나라가 국권을 박탈당하는 과정은 이궁의 상황으로 더 자세히 알아볼 수 있다. 이궁은 일본의 생년지지인 묘(卯)가 위치한 감궁의 오황살로부터 발생한 암검살을 맞고 파괴되었다. 이것은 일본의 내부공간[감궁]에 존재하는 약탈자[5]에 의해 우리나라의 국권이 강탈당했음을 알려준다.

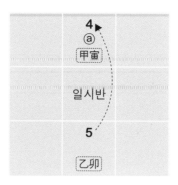

참고로 오황살이 위치한 궁과 암검살이 위치한 궁의 승패를 계산하면, 다음 네 가지 예에서 알 수 있듯 오황살이 위치한 궁이 암검살이 위치한 궁을 항상 이긴다. 왜냐하면 오황살은 총을 쏘는 사살자이고, 암검살은 총을 맞는 피살자이기 때문이다. 이런 오황살과 암검살의 승패는 전쟁이나 스포츠 게임을 추론할 때 많이 사용된다.

예1 감궁 〉 이궁

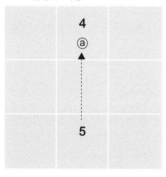

오황살이 위치한 감궁이 암검살로 파괴된 이궁을 이긴다.

예2 이궁 〉 감궁

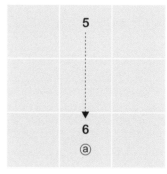

오황살이 위치한 이궁이 암검살로 파괴된 감궁을 이긴다.

예3 태궁 〉 진궁

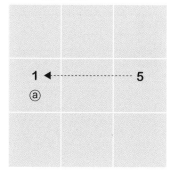

오황살이 위치한 태궁이 암검살로 파괴
된 진궁을 이긴다.

예4 진궁 〉 태궁

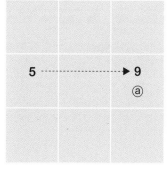

오황살이 위치한 진궁이 암검살로 파괴
된 태궁을 이긴다.

⑧ 도난과 분실

도둑의 체는 중궁이고, 용은 오황토성(5)이다. 사물이 도난을 당하거나 분실되면 일시반에서 크게 두 가지 형태로 표시된다.

✓ 도난 또는 분실된 사물의 체와 용

① 해당 사물의 체가 흉살을 맞아 파괴되거나, 체에 구성숫자 1이 들어가서 오리무중 상태가 된다.

② 해당 사물의 체는 잘 작동하지만, 그 사물의 용인 구성숫자는 흉살을 맞아 파괴된다.

① 도난을 당하거나 분실된 사물의 체가 흉살로 파괴되거나, 체에 구성숫자 1이 들어가서 물이 찬 것처럼 보이지 않는다. 일시반은 문점 당시에 문점자가 사용하는 구궁을 표시한 것이므로, 사물의 체가 파괴되는 것은 문점자가 사용할 사물의 전원이 꺼져서 아예 작동조차 하지 않는다는 의미다. 만약 도난을 당하거나 분실된 사물의 체가 시반과 일반 모두에서 흉살로 파괴되면 찾거나 되돌려받을 수 없다.

② 도난을 당하거나 분실된 사물의 체는 온전하지만, 그 사물을 대표하는 구성숫자가 흉살로 파괴된다. 다시 말해서, 사물의 용이 흉살로 파괴되는 경우이다. 이런 경우에는 분실된 사물의 전원이 켜져서 작동은 하고 있지만, 운용이 잘못되어서 일시적으로 분실된 것이다.

　차 안에서 분실한 휴대전화에 발신 신호가 가는 경우를 예로 들어서 설명하면 다음과 같다.

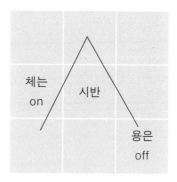

위의 그림처럼 휴대전화의 체인 진궁은 흉살로 파괴되지 않아서 온전하다. 그러나 휴대전화의 용인 구성숫자 3은 자동차의 몸체를 의미하는 건궁에서 파살을 맞아 파괴되었다.

실제로 택시에 휴대전화를 놓고 내렸는데, 분실자가 집전화로 휴대전화에 전화를 걸었더니 택시 기사가 전화를 받았다. 그래서 찾을 수 있었다. 휴대전화의 체가 온전하므로 전원이 켜진 상태에서 휴대전화가 작동을 잘했던 것이다. 단지 휴대전화의 용만 시반에서 일시적으로 파괴되었기 때문에 일시적으로 휴대전화의 운용이 잘못되었던 것이다. 그러나 시반 건궁에 삼합선이 지나므로 길신이 분실된 휴대전화에 구제책을 부여하여 다시 찾을 수 있었다.

도난당한 보석주머니

실전사례 01

음둔 기간인 2008년 양력 8월 13일 오전 7시 16분 묘시(卯時)에 1965년 을사년(乙巳年)생 여자로부터 전화가 왔다. 자신이 운영하는 꽃가게에서 본인 소유의 보석주머니가 없어졌는데 도난을 당한 것인지 아니면 실수로 분실한 것인지를 문의하였다. 이 보석주머니에는 마침 그 날 생일을 맞은 여동생에게 선물할 보석이 들어 있었다.

결과는 구성기학 일시반의 예측대로 보석주머니와 그 안의 보석은 도난을 당한 것이며, 훔쳐 간 사람도 잡지 못하였다. 따라서 보석을 되찾지 못하고 완전히 분실하였다. 구성기학으로 좀더 해석해보면 보석주머니는 30대 중년여성이 훔쳐 간 것이다. 또한 보석은 도둑이 가지고 있는데, 도둑은 동남쪽 방향에 있다. 참고로 도난당한 보석은 당시 시가로 거의 90만원이었다.

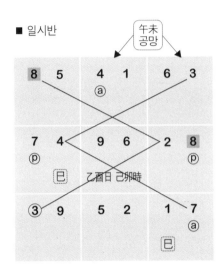

■ 일시반

이 사례는 도난 사건을 둘러싼 관련자와 주변 상황이 다소 복잡하게 얽혀 있다. 따라서 다음과 같이 추론에 필요한 사람과 사물의 구성 상의를 구궁에 체 위주로 표시하였다. 사람과 사물의 용은 구성 상의가 표시된 궁을 대표하는 구성숫자를 사용한다.

예를 들어, 도둑의 체는 중궁이고, 도둑의 용은 중궁을 대표하는 구성숫자 5를 사용한다. 같은 원리로 보석의 체는 건궁이고, 보석의 용은 건궁을 대표하는 구성숫자 6을 사용한다. 또한 보석주머니는 네모난 형태였기 때문에 체는 곤궁이고, 보석주머니의 용은 구성숫자 2이다. 왜냐하면 곤궁은 팔괘로 지(地)에 해당하는데, 주나라 시대 천문학인 천원지방설(天圓地方說)에 의해 지(地)는 방(方) 즉, 네모가 되기 때문이다. 만약 주머니가 둥근 형태라면 원(圓)을 상징하는 천(天)에 대응하는 건궁을 주머니의 체로 보고, 구성숫자 6을 주머니의 용으로 사용할 것이다. 앞서 자동차와 교통사고를 설명할 때 차체가 곤궁이었는데 이 역시 네모난 형태이므로 곤궁에 대응된 것이다. 또한 포대도 주로 네모난 형태의 주머니이기 때문에 곤궁에 대응된다.

　각각의 문점 내용마다 구성 상의를 따라 추론을 전개하다 보면 문제 해결의 실마리가 보일 것이다.

■ 도난 사례에 관련된 사람과 사물

30대와 40대 중년여자		보석주머니
	도둑	돈
쌓인 것		보석, 귀중품

■ 도난 사례에 관련된 구궁의 서술적 의미

거래하다, 대인관계를 맺다, 멀리 가다	진상을 규명하다, 밝혀내다	
천둥·번개처럼 빨리 이동하다, 사기를 치다	사면초가에 처하다, 부패하다	돈을 잃다, 강탈당하다
	숨다	

❶ 보석을 되찾을지의 여부

문점한 시간에 따라 그려진 일시반은 문점한 사람이 사용하는 구궁과 구성숫자, 간지를 표시한 것이다. 이 중에서 구궁은 체용론의 관점에서 구성숫자의 체이며, 근본적인 존재의 작동 여부를 알려준다. 따라서 문점 당시 상황에서 문점 대상인 사람이나 사물의 근본적인 작동 여부를 표시하는 궁부터 파악하고, 그 궁을 대표하는 구성숫자가 본명성과 동회하는지 또는 본명성의 체에 들어가는지 또는 본명성을 파살이나 암검살로 파괴시키는지를 파악하여 문점 대상과 문점자의 관계를 정밀하게 해석할 수 있다. 이러한 방법을 통해 개인과 세계, 국가 등의 의문점사나 내방점사 등의 미래 예측을 완벽하게 구사할 수 있다.

보석을 다시 찾을지의 여부도 위의 순서를 따라 추론한다. 앞서 설명한 것처럼 보석의 체는 건궁이고, 용은 6이다. 건궁은 문점 당시 상황을 알려주는 시반에서도 암검살로 파괴되어 작동하지 않고, 미래 상황을 결정짓는 초기조건인 일반에서도 썩은 물[일반 감궁의 5]을 의미하는 1이 들어와서 운영되므로 1이 가지는 구성 상의대로 오리무중인 상태이다. 따라서 보석은 문점자의 입장에서는 문점 당시 전원이 꺼져서 전혀 작동하지 않고 있으며, 미래에서도 보석이라는 존재의 작동이 마치 물 속에 잠긴 것처럼 전혀 보이지 않는다.

또한 일반에서 문점자의 생년지지인 사(巳)가 1과 함께 보석의 체인 건궁에 들어와

있으므로 공간 계층구조상 문점자의 소유물인 보석은 미래에도 오리무중[1] 상태임을 알 수 있다.

■ 일반 건궁의 공간 계층구조

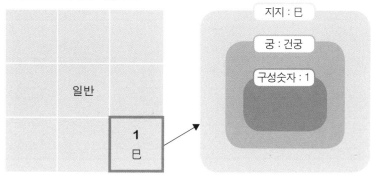

또한 미래 상황에서도 존재가 보이지 않는 보석의 용인 6이 다음 그림처럼 일반 곤궁에 들어가 있다. 따라서 현재부터 미래까지 문점자인 내 입장에서 보이지 않는 보석은 곤궁이 상징하는 주머니 또는 지인의 품 안에 위치하게 된다.

지금까지의 추론을 종합하면 문점 당시 이 여자는 보석을 분실한 상태이고, 앞으로도 보석은 숨어 있기 때문에 찾을 수 없다.

❷ 분실이 아닌 도난으로 추정한 이유

보석을 실수로 분실한 것이 아니라 도난당했다고 추정한 이유는 과거부터 현재를 표시한 시반의 세 가지 상황 때문이다.

첫째, 시반에서 보석의 활동을 나타내는 구성숫자 6이 도둑의 몸체나 품 안을 표시하는 중궁에 들어가 있다. 물론 중궁을 도둑의 품 안으로 보지 않고 감옥이나 사면초가인 상황으로 해석할 수도 있다. 그러나 이어지는 다음 두 가지 이유를 결합하면 중궁의 의미가 도둑임이 더욱 확실해진다.

둘째, 도둑을 의미하는 5가 보석의 체인 건궁을 암검살로 파괴시켰다. 이것은 도둑에 의해 보석이 작동하지 않음을 알려준다.

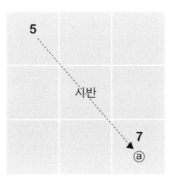

셋째, 몸 안에 도둑이 들어와서 욕심이 많은[시반 손궁의 5] 중년여자를 상징하는 4에 의해 문점자[시반의 본명성 8]가 강탈당했다[시반 태궁].

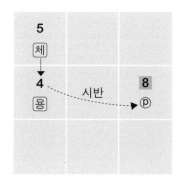

여기에서 구성숫자 4가 중년여자인 이유는 『역학 원리를 과학적으로 분석한 구성기학』 p.144~145쪽에서 설명한 것처럼, 손궁과 4는 장녀의 체와 용으로서 대개 장녀와 대응하는 연령대의 여자는 30~40대 중년여자이기 때문이다. 이런 방식으로 여자와 남자를 연령대로 구분하면 다음 표와 같다.

■ 연령대로 구분한 남녀

30대와 40대 중년여자	20대 젊은 여자	50대 이상 장년여자
30대와 40대 중년남자		10대 소녀
10대 소년	20대 젊은 남자	50대 이상 장년남자

❸ 30대와 40대 중년여자 중 30대를 도둑으로 추정한 이유

다음 그림에서 보듯이, 시반 진궁에 중년여자를 의미하는 4가 들어가 있다. 진궁의 선천수가 3, 8이므로 30대 중년여자로 추론한다.

❹ 도둑과 도난당한 보석이 동남쪽에 있는 이유

시반에서 도둑의 정체는 손궁의 5와 진궁의 4를 보면 알 수 있다. 여기서 5[도둑]와 4[중년여자]가 동일 인물이므로 일시반을 해석할 때 헷갈리는 상황이 발생할 수도 있다. 이렇게 혼동을 주는 대표적인 문제가 바로 도둑이 어느 방향에 있는지를 해석할 때 5와 4 중에서 무엇을 기준으로 하는가이다. 이때는 5와 4 중에서 도난품인 6을 품 안에 가지고 있는 것을 기준으로 삼는다.

위 그림처럼 5는 체인 중궁에 도난품인 6을 품고 있고(①), 4는 체인 손궁에 욕심을 상징하는 5를 품고 있다(②). 따라서 5를 기준으로 도둑과 도난품이 위치한 방향을 찾으면 문점 당시 5가 위치한 손궁 방향인 동남쪽에 도둑과 도난품이 위치한다.

여기에서 도난품이 있는 방향을 도둑이 있는 방향으로 추론한 이유는 도둑의 품 안에 도난품이 있고, 무생물인 도난품은 생물인 도둑과 함께 이동하기 때문이다.

❺ 도난당한 보석이 당시 시가로 거의 90만원인 이유

시반의 본명성 8이 태궁에서 파살을 맞고 깨져서 금전 손실이 발생하였다(①). 또한 손실된 돈을 상징하는 7은 보석의 체인 건궁에 들어가서 암검살로 파괴되어 잘못 운영되고 있다. 즉, 돈의 활동인 7이 보석의 형태로 손실되고 있다. 그러므로 보석 가격을 알려면 7이 들어가 있는 건궁의 선천수인 4 또는 9를 읽는데, 7의 체인 태궁에 쌓인 것을 의미하는 8이 들어와서 7을 조종한다(②). 쌓인 것[8]은 작은 것이 모인 것이므로 크다. 따라서 둘 중에서 큰 숫자인 9를 읽으므로 90만원으로 추론한다.

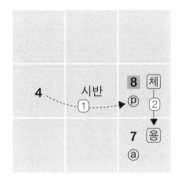

❻ 보석주머니에 보석이 들어 있었던 이유

일시반에서 주어가 되는 시반의 본명성과 동회한 일반의 구성숫자는 목적어 또는 부사어로 해석하고, 동회한 구성숫자가 문점 당시 본명성과는 관계 없이 독립적인 상황일 때에는 시반에서 그 구성숫자를 찾아서 해석한다.

다음 그림처럼 일시반에서 주어가 되는 시반의 본명성 8은 보석[일반 곤궁의 6]이 담긴 주머니를 상징하는 일반의 2와 함께 강탈당했다[태궁의 서술적 의미]. 여기에서 일반의 2는 주어인 본명성 8의 입장에서 쓰임이다. 다시 말해서, 본명성이 8인 이 여자는 보석을 담고 있는 주머니와 함께 돈에 손해를 보았다.

그렇다면 이 여자가 도난당한 주머니의 상태는 어떨까? 이것은 시반에서 주머니의 체인 곤궁과 용인 2를 보면 알 수 있다. 먼저, 시반에서 2의 체인 곤궁은 3대3 대충을 맞고 파괴되어 작동하지 않는다(①). 3대3 대충에 참여하는 3의 체인 시반 진궁에는 도둑인 중년여자를 상징하는 구성숫자 4가 들어 있다(②). 이것은 중년여자에게 강탈당하여 주머니가 작동하지 않음을 알려준다.

다음으로, 시반에서 주머니의 용인 2는 5와 함께 감궁에 들어가 있다. 이것은 중년여자에게 강탈당해서 작동하지 않는 주머니가 도둑[5]과 함께 잘 숨어 있음[감궁]을 알려준다.

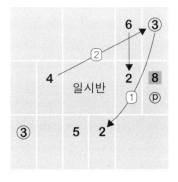

❼ 도둑을 찾아내지 못한 이유

도둑을 잡거나 찾아내기 위해서는 도둑의 활동 상태를 보여주는 도둑의 용을 위주로 해석한다. 일단 도둑의 몸체에 전원이 켜져야 도둑질과 도피를 할 수 있기 때문이다.

앞에서 설명한 것처럼 도둑은 5와 4이다. 먼저 5부터 해석한다. 다음 그림에서 보듯이, 일시반에서 주어인 시반의 도둑 5는 문점자인 본명성 8과 함께 능동적으로 거래를 잘하고 있다[손궁의 서술적 의미]. 따라서 문점 당시에 도둑은 손궁의 서술적 의미대로 안전하게 무사히 멀리 가 있다. 여기에서 문점자인 일반의 본명성 8은 보석주머니를 도난당해[일반 태궁의 2] 본인이 사용하는 돈에 손실[일반 진궁의 7]이 나서(①) 작동하지 않고[일반 간궁의 대충을 맞은 3] 있다(②). 일반에서도 도둑 5는 감궁에 들어가서 흉살로 파괴되지 않았기 때문에 미래에도 감궁의 의미대로 잘 숨어 있다.

　지금까지 알아본 시반과 일반의 5를 종합해보면 도둑은 무사히 도망가서 잘 숨어 있는 상태이므로 잡을 수 없다.

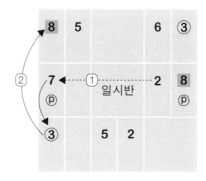

이제 도둑을 상징하는 또 다른 구성숫자 4의 용을 살펴보면 다음과 같다. 현재를 표시하는 시반에서 진궁의 4는 흉살로 파괴되지 않았으므로 도둑인 중년여자는 상황이 나쁘지 않다. 따라서 미래를 표시하는 일반에서 이궁의 4가 비록 암검살로 파괴되었지만, 시반으로부터 시간의 연속성이 없어서 흉함이 드러나지 않는다.

　지금까지 알아본 시반과 일반의 4를 종합하면 도둑이 활동하는 면에서 흉함이 없으므로 잡히지 않음을 알 수 있다.

❽ 사건의 진상을 규명하지 못한 이유

이궁은 불[火]의 자리이다. 따라서 불로 세상을 환히 밝히듯이, 이궁은 사건의 진상이 규명되거나 드러나는 자리이다. 이처럼 이궁의 서술적 의미는 진상을 규명하다, 드러나다, 폭로하다 등이고, 이궁을 상징하는 구성숫자 9는 명사로 사건 규명, 폭로 등의 뜻이다.

다음 그림에서 보듯이, 현재를 표시하는 시반에서 이궁에 1이 들어와 운영되므로 진상 규명은 물이 차서 보이지 않는 것처럼 오리무중이다. 오리무중[시반의 1을 품은 이궁]인 진상 규명[시반의 9]은 문점자의 몸체인 간궁에 들어와서 본명성과 연결고리를 형성한다.

한편 미래를 결정하는 초기조건을 표시하는 일반에서는 진상 규명의 존재 자체(체)인 이궁이 암검살로 파괴되어 아예 작동하지 않는다. 설상가상으로, 작동하지 않는 진상 규명의 활동을 표시하는 일반의 구성숫자 9가 입중했기 때문에 진상 규명은 중궁의 서술적 의미대로 사면초가에 처한다. 참고로 일반 이궁이 암검살로 파괴된 것은 보석주머니[일반의 감궁 2]와 함께 숨은 도둑[일반의 감궁 5] 때문이다. 이것은 도둑이 잘 숨어서 미래에도 진상 규명이 어렵다는 것을 알려준다.

지금까지 시반과 일반의 이궁을 알아본 것처럼 이 도난 사건의 진상은 규명되지 않는다.

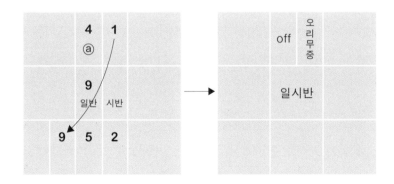

잃어버린 고급 필통

양둔 기간인 2011년 양력 4월 27일 신시(申時)에 1977년 정사년(丁巳年)생 여자가 며칠 전에 분실한 고급 필통을 찾을 수 있는지 문의하였다. 결과는 구성기학 일시반의 예측대로 고급 필통은 찾을 수 없었으며, 아마도 문점자 자신이 고급 필통을 쓰레기로 착각하고 쓰레기통에 버렸다고 추측된다.

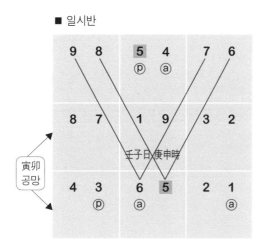

■ 일시반

필통의 체는 이궁이고, 용은 구자화성(9)이다. 먼저 필통의 작동 여부를 확인하기 위해서 필통의 체인 이궁부터 살펴본다. 시간 계층 구조에서 현재를 보여주는 시반 이궁은 암검살을 맞아 파괴되었다.

그런데 다음 그림에서 보듯이, 시반 이궁은 필통의 주인인 이 정사년(丁巳年)생 여자의 본명성 5에 의해 파괴되었다. 즉 문점자 자신이 필통을 작동하지 못하게 만들었으므로 본인 실수로 분실했다고 추론할 수 있다.

분실한 필통의 발견 여부를 판단하려면 시간 계층구조에서 미래를 결정짓는 초기 조건인 일반 이궁을 조사한다. 분실한 필통을 찾으려면 이 필통이 미래에서는 작동해야만 하는데, 시반 이궁에 이어서 일반 이궁도 다음 그림처럼 파살을 맞아 파괴되었다. 여기에서 주목할 점은 일반 이궁에 본명성인 5가 들어가 있다는 점이다. 이것은 미래에 문점자가 사용할 필통이 작동하지 않을 것임을 보여준다.

지금까지 시반과 일반의 이궁을 해석한 결과를 종합하면, 다음 그림처럼 필통을 잃어버린 사실을 깨닫고 찾을 수 있을지를 문의한 시점부터 당일까지는 필통이 작동하지 않는다. 이런 경우는 앞서 자동차 파손 사례에서 알아본 것처럼 수리를 하거나 교체를 해야 한다. 따라서 필통을 교체해야 할 상황이고, 결론적으로는 분실한 필통을 찾을 수 없다.

다음으로는 공간 계층구조를 사용하여 분실한 필통이 어디 있는지를 추론한다. 과거에 필통을 분실하여 그 상태가 문의한 시점까지 지속된 상황이므로, 현재를 나타내는 시반에서 공간 계층구조를 사용한다.

다음 그림처럼 필통의 용인 구자화성 9가 시반 중궁[쓰레기통]에 들어가 있고, 중궁은 지지인 신(申)[집]의 내부공간이다. 풀어서 설명하면, 9가 중궁에 들어가 있는 것은 필통이 쓰레기통에 들어 있다는 의미다. 또한 중궁이 지지인 신(申)에 포함된 것은 계층구조상 쓰레기통이 집의 내부공간에 있음을 알려준다. 이런 상황을 종합하여 해석해볼 때 필통은 집 안 쓰레기통에 버려졌을 것이다.

■ 시반 중궁의 공간 계층구조

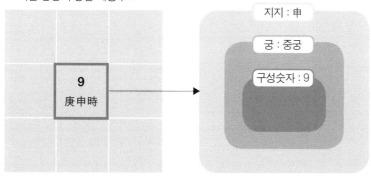

만약 다음 그림처럼 중궁에 위치한 지지가 술(戌) 또는 해(亥)라면 필통은 직장 안에

있는 쓰레기통에 버려졌을 것이다. 왜냐하면 술(戌)과 해(亥)는 건궁의 생년지지이고, 건궁은 직장을 의미하기 때문이다.

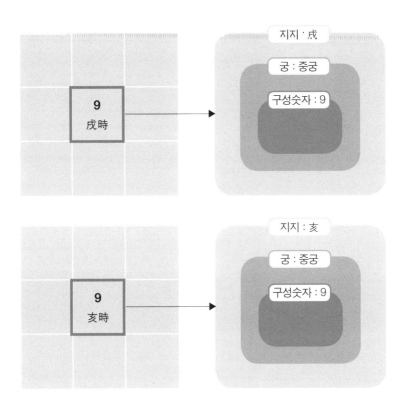

실종된 강아지

음둔 기간인 2010년 양력 12월 21일 사시(巳時)에 1954년 갑오년(甲午年)생 여자한테서 전화가 왔다. 문의 내용은 집에서 키우던 강아지가 본인의 차 안에서 실종되었는데 다시 찾을 수 있을지의 여부이다. 결과적으로 경찰이 방범용으로 설치한 CCTV가 고장난 상태에서 강아지가 실종되었기 때문에 강아지를 찾을 수 없었다. 이런 내용은 다음 구성기학 일시반에서 정확하게 추론할 수 있다.

■ 일시반

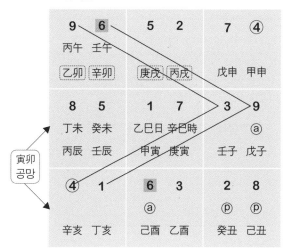

이번 사례는 강아지에 대한 문점이므로 본명성이 강아지의 구성숫자인 6이다. 강아지(개)는 12지지 중에서 술(戌)에 해당하므로 구궁 속 공간 좌표인 12지지 중에서 술(戌)이 위치한 건궁이 강아지의 체가 되고, 건궁을 대표하는 구성숫자 육백금성 6이 강아지의 용이 된다. 다른 동물도 이와 같이 체와 용을 찾는다.

예를 들어, 뱀은 12지지로는 사(巳)이므로 구궁 속의 12지지 중에서 사(巳)가 위치한 손궁이 뱀의 체가 되고, 손궁을 대표하는 구성숫자인 사록목성 4가 뱀의 용이 된다. 말은 12지지로는 오(午)이므로 구궁 속의 12지지 중에서 오(午)가 위치한 이궁이 말의 체가 되고, 이궁을 대표하는 구성숫자인 구자화성 9가 말의 용이 된다.

추론 과정은 먼저 문의한 내용에 대해 답을 찾고, 다음으로 체와 용을 결합하여 종합적인 해석을 제시한다.

1) 강아지를 되찾을 수 있는지의 여부

강아지의 체가 온전해야만 문점자가 사용하는 강아지의 전원이 켜져서 활동할 수 있다. 따라서 강아지의 체부터 확인한다. 강아지의 체인 건궁이 다음 그림처럼 시반과 일반 모두 흉살로 파괴되어 있다. 따라서 문의한 시점부터 당일 내내 문점자가 사용하는 강아지는 전원이 꺼져서 작동하지 않는다.

이런 경우에는 강아지를 수리하거나 교체해야만 전원이 켜져서 강아지가 활동할 수 있다. 강아지를 교체해야만 한다는 의미는 실종된 강아지를 찾을 수 없다는 뜻이다. 이렇게 체가 작동하지 않는 경우에는 이미 문점자가 사용할 강아지가 존재하지 않는 상태이므로 용은 아예 조사할 필요가 없다.

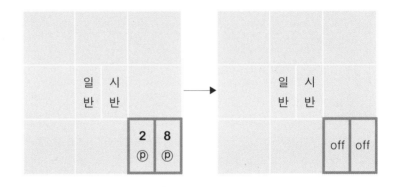

2) 체용을 결합한 종합적인 해석

구성기학 명반을 해석할 때는 항상 체의 작동 여부를 먼저 살핀 후, 다음으로 용과 생년지지의 상황을 분석한다. 바로 앞에서 분석한 결과, 강아지는 체가 흉살로 파괴되어 문의한 시점부터 당일 내내 작동하지 않으므로 찾을 수 없다. 이렇게 찾을 수 없는 강아지의 행방을 추적하기 위해 강아지의 용인 6을 해석한다.

❶ 강아지의 수동적인 상태

먼저 강아지가 스스로 차 문을 열고 밖으로 사라지기는 힘들므로 누군가 훔쳐갔을 가능성이 높다. 따라서 강아지의 수동적인 상태를 조사해야 한다. 이것은 일시반에서 목적어나 부사어가 되는 일반의 6을 통해서 추론할 수 있다.

일반에서 강아지의 용인 6은 다음 그림처럼 감궁에서 3에 의해 동회를 당한다. 그런데 이 3의 체인 진궁에 도둑과 욕심이 가득함을 의미하는 5가 들어와 있다. 이것을 다음 문장처럼 해석할 수 있다. 욕심이 많은[시반 진궁의 5] 낯선 사람[시반 감궁의 3]이 강아지[일반 감궁의 6]를 데리고 숨어버렸다[감궁].

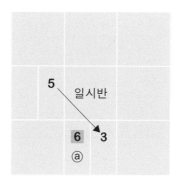

또한 강아지의 상태에 대해서 다음 그림을 통해서 네 가지 정보를 더 얻을 수 있다.

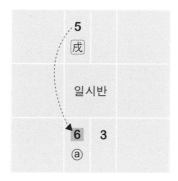

첫째, 강아지는 주인인 1954년생 여자의 품 안에 있다가 사라졌다. 이런 추론이 가능한 이유는 이 1954년생 여자의 본명성 1의 체인 감궁에서 강아지의 용인 6이 암검살을 맞고 파괴되었기 때문이다. 이것은 원래 강아지[6]가 주인의 품 안[체인 감궁]에 있다가 사라진 것[암검살]을 의미한다.

둘째, 국가기관이 관리하는 CCTV가 작동하지 않아서 강아지가 주인의 품 안에서 사라지게 되었다. 이런 추론은 다음 공간 계층구조에 의해 설명된다. 즉, 국가기관을 상징하는 건궁의 생년지지인 술(戌)의 내부공간 중에서 이궁[CCTV]이 오황살을 맞아 작동하지 않으며, 일반에서 건궁의 생년지지인 술(戌)이 위치한 이궁의 오황살 때문에 감궁의 6이 암검살을 맞았기 때문이다. 여기에서 이궁은 CCTV를 의미하는데, 이궁에 오황살이 들어와 있으므로 CCTV는 작동하지 않는다.

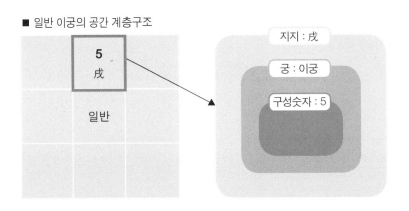

■ 일반 이궁의 공간 계층구조

셋째, 강아지를 훔쳐간 낯선 사람은 10대일 것이다. 이런 추론이 가능한 이유는 낯선 사람을 의미하는 3이 일반 감궁에 위치하기 때문이다. 다시 말해서, 3은 감궁에 담겨 있으므로 감궁의 상황에 종속되는데 감궁의 선천수가 1 또는 6이므로 낯선 사람 3은 1이라는 옷을 입고 활동한다고 추론한다. 따라서 3을 10대의 낯선 사람으로 보는 것이다.

넷째, 강아지는 낯선 사람과 함께 북쪽에 있을 것이다. 이런 추론이 가능한 이유는 강아지를 훔쳐 간 낯선 사람을 상징하는 3이 시반에서 북쪽을 나타내는 감궁에 위치하기 때문이다. 강아지의 행방은 능동적으로 강아지를 훔쳐 간 낯선 사람의 행방에 의해서 결정된다. 따라서 강아지의 행방은 낯선 사람의 행방과 동일하다. 강아지의 자유의지에 초점을 두어서 문점 당시 강아지[시반 손궁의 6]가 위치한 손궁의 방향인 남동쪽에 강아지가 있다고 추론하면 틀리게 된다.

❷ 강아지 입장에서 본 상황

앞에서 강아지의 수동적인 상태를 추론해보았다면, 이제부터는 강아지 입장에서 현재 상황을 알아본다. 일시반에서 강아지가 주어가 되는 시반 손궁의 6을 해석하면 다음과 같다. CCTV가 작동하지 않아서(①) 강아지는 낯선 사람에 의해 먼 곳으로 옮겨졌다. 이런 해석이 가능한 이유는 크게 두 가지이다.

첫째, 손궁에서 주어인 시반의 6이 목적어나 부사어인 일반의 9와 동회하기 때문이다. 여기에서 일반의 9는 자신의 체인 일반 이궁이 오황살로 파괴되었으므로 작동하지 않는 CCTV이다(①). 이것을 강아지[시반 손궁의 6]는 작동하지 않는 CCTV[일반 손궁의 9]와 함께 멀리 이사하였다고 표현할 수 있다.

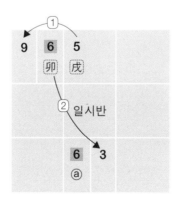

둘째, 낯선 사람의 생년지지인 묘(卯)는 손궁을 담고 있고, 손궁은 강아지인 6을 담고

있기 때문이다. 이를 공간 계층구조의 외부지향적 사용을 통해 다음처럼 해석한다.

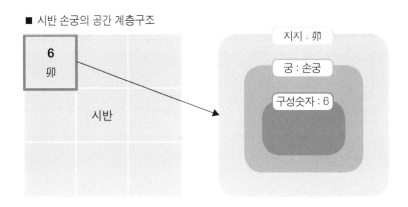

■ 시반 손궁의 공간 계층구조

낯선 사람의 내부공간[卯] 중에서 왼손[손궁]은 강아지[6]를 잡고 있다. 다시 말해서, 강아지는 낯선 사람의 내부공간, 즉 품 안에 있다. 그런데 강아지를 품 안에 데리고 있는 그 낯선 사람[3]은(②) 다음 그림처럼 능동적으로 이 여자의 품 안에서 사라진 강아지[일반 감궁에서 암검살을 맞은 6]와 함께 숨어 있다[감궁]. 또한 낯선 사람[3]의 체인 진궁에 오황살이 들어가 있으므로 그 낯선 사람을 도둑으로 추론한다.

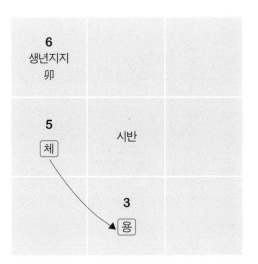

지금까지 알아본 바와 같이 강아지[6]와 낯선 사람[3 · 卯]의 관계는 시반과 일반에서 절묘하게 인과관계가 맞아떨어진다. 따라서 강아지는 낯선 사람에 의해서 먼 곳으로 옮겨졌다고 이 상황을 설명할 수 있다.

❸ 그 밖의 정보

강아지에 대해 좀더 많은 정보를 찾아내기 위해 문의한 시점을 표시한 시반에서 강아지의 생년지지인 술(戌)과 용인 6, 체인 건궁을 동시에 해석하면 다음과 같다. 문의한 이 여자의 입장에서 존재하지 않는 강아지의 (내부공간 중에) 머리에는 이사로 인해 기능이 멈추어버린 집 생각이 가득 찰 만큼 먼 곳으로 이사했다. 이제 이렇게 해석한 이유를 하나 하나 잘라서 분석한다.

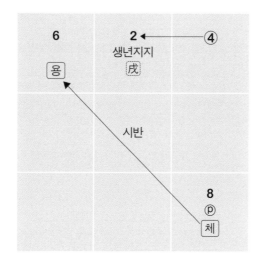

첫째, 문의한 이 여자의 입장에서 존재하지 않는 강아지인 이유는 시반에서 강아지의 체인 건궁이 파살로 파괴되었기 때문이다. 문의한 이 여자의 입장에서 이것은 강아지의 전원이 꺼져서 존재하지 않는 강아지가 되었다는 의미다.

　둘째, 강아지의 (내부공간 중에) 머리에는 이사로 인해 기능이 멈추어버린 집 생각이 가득 찰 만큼이라고 해석한 이유는 다음 공간 계층구조에서 강아지의 생년지지인 술(戌)이 이궁을 담고 있고, 그 이궁이 2를 담고 있기 때문이다. 이것은 강아지의 내부 공간[戌] 중 머리[이궁] 속에는 집[2] 생각이 간절함을 의미한다.

■ 시반 이궁의 공간 계층구조

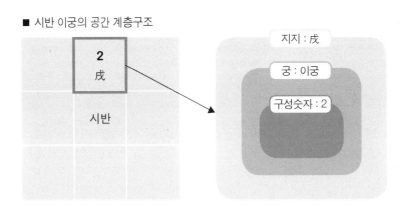

또한 이궁에 담겨 있는 2의 체인 곤궁이 4대4 대충을 맞아 작동하지 않기 때문에 이사[4]로 인해 기능이 멈추어버린[대충] 집으로 해석한다.

　여기에서 곤궁의 4를 강아지가 이사한 것으로 해석하는 이유는 다음 그림처럼 4의 체인 손궁에 강아지를 상징하는 6이 들어와서 강아지[손궁의 6]가 조종하는 이사[곤궁의 4]가 되기 때문이다.

잃어버린 커플링

음둔 기간인 2010년 양력 12월 29일 미시(未時)에 1976년 병진년(丙辰年)생 여자에게
서 전화가 왔다. 문의한 시간에 남자친구를 만나기로 해서 커플링을 끼려고 했는데,
어디에 두었는지 아무리 찾아도 나오지 않는다는 것이다. 결국 구성기학 일시반의 예
측대로 문의한 당일 술시(戌時)에 전날 집안 청소를 하면서 꼈던 고무장갑 안에서 커
플링을 찾았다. 참고로 그 고무장갑은 주방의 전자레인지 위에 있었다.

■ 일시반

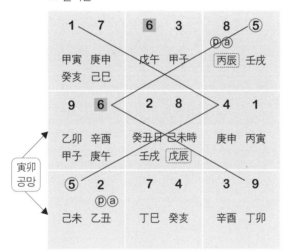

❶ 커플링을 되찾을 수 있는지의 여부

커플링은 귀중품이므로 체는 건궁이고, 용은 육백금성(6)이다. 또한 고무장갑도 체는
건궁이고, 용은 육백금성(6)이다. 뿐만 아니라 분실한 사람의 본명성 역시 육백금성이
므로 분실한 사람의 체도 건궁이다. 따라서 분실한 커플링을 찾을 수 있는지를 추론
하려면 먼저 커플링의 작동 여부를 확인하기 위해 커플링의 체인 건궁을 살핀 후, 다
음으로 커플링의 용인 육백금성 6을 추적한다.

먼저 커플링의 체인 건궁을 조사한다. 다음 그림에서 알 수 있듯, 시간 계층구조에서 현재를 보여주는 시반 건궁은 흉살을 맞지 않고 온전하다. 또한 문점한 시간대를 제외한 당일의 상황을 표시한 일반 건궁도 온전하다. 이것은 문점한 여자가 사용할 커플링이 현재 전원이 켜져 있고, 미래에서도 전원이 켜지므로 커플링이 건강하게 잘 작동한다는 의미다.

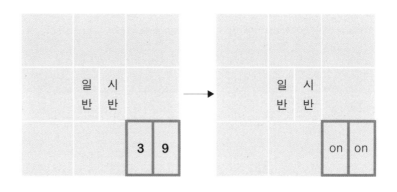

다음으로 커플링의 용인 육백금성 6을 추적한다. 다음 그림에서 보듯이, 시간 계층구조에서 현재를 보여주는 시반의 6은 진궁에서 흉살을 맞지 않고 온전하다. 또한 문점한 시간대를 제외한 당일의 상황을 표시한 일반에서도 6은 이궁에서 온전하다. 이것은 문점한 여자가 사용할 커플링이 현재부터 당일 내내 잘 운영된다는 의미다. 즉, 지하철이 잘 운영되어 순주행을 하듯이 커플링도 문점한 여자한테 순주행을 한다.

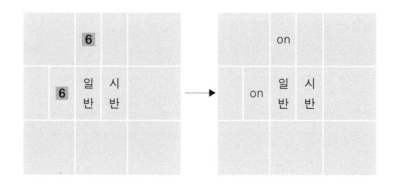

❷ 커플링을 찾는 장소와 시간

지금까지 살펴본 것처럼 커플링의 체와 용이 정상적인 상태이므로 분실한 커플링은 찾을 수 있다. 그렇다면, 분실한 커플링은 문점 당시 어디에 위치해 있었으며, 언제 찾을 수 있을까?

첫째, 분실한 커플링은 주방 안의 전자제품 근처에 있다. 그 이유는 공간 계층구조를 통해 설명할 수 있다. 다음 그림처럼 분실한 것을 알고 문점한 순간을 표시한 시반에서 커플링의 용인 육백금성 6이 진궁[전자제품]에 들어가 있고, 진궁은 지지 유(酉)[주방]의 내부공간이다.

여기서 육백금성 6이 진궁[전자제품]에 들어가 있는 것은 커플링이 전자제품 근처에 있다는 의미다. 또한 진궁이 지지 유(酉)에 포함되는 것은 공간 계층구조상 전자제품이 주방의 내부공간에 있다는 의미다. 이런 상황을 종합해서 해석하면 커플링은 주방 안 전자제품 근처에 있을 것이다. 실제로 커플링은 주방 안 전자레인지 위에 올려놓았던 고무장갑 안에서 발견되었다.

■ 시반 진궁의 공간 계층구조

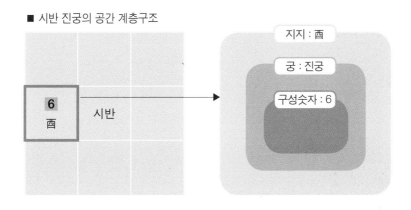

둘째, 분실한 커플링은 당일 임술시(壬戌時)에 찾을 것이다. 그 이유는 기미시(己未時)부터 경신시(庚申時), 신유시(辛酉時), 임술시(壬戌時)의 시반 중에서 임술시(壬戌時)의 시반에서만 커플링의 용인 육백금성 6이 분실한 여자의 체인 건궁에 들어가기 때

문이다. 다시 말해서, 임술시(壬戌時)가 되어서야 분실한 커플링이 분실한 여자의 품 안에 위치한다.

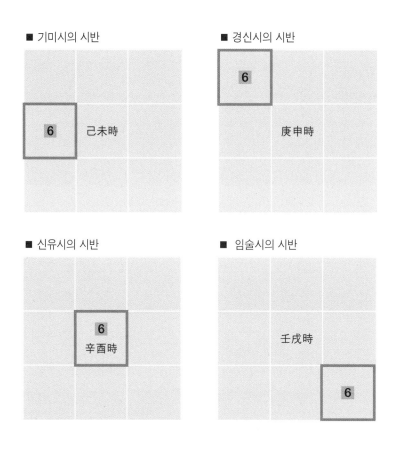

■ 기미시의 시반

■ 경신시의 시반

■ 신유시의 시반

■ 임술시의 시반

실전사례
05

얼어붙은 자물쇠

음둔 기간인 2012년 양력 1월 1일 13시 31분 오시(午時)에 1965년 을사년(乙巳年)생 남자가 문점한 내용이다. 이 남자가 직장의 출입문을 열기 위해서 평소처럼 자물쇠에 열쇠를 끼워 넣었는데 열리지 않았다. 이 남자는 순간적으로 당황하여 자물쇠가 고장났다고 착각하였다. 실제로는 구성기학 일시반에서 나온 것처럼 자물쇠가 추위에 얼어붙어 일시적으로 운용되지 않았을 뿐이다.

미시(未時)인 13시 36분경에 이 남자가 다시 자물쇠에 열쇠를 넣고 돌렸더니 정상적으로 열렸다. 그러나 자물쇠의 얼어붙은 틈새를 녹여서 부드럽게 열리게 해야 하는데, 억지로 힘을 써서 열다가 그만 자물쇠를 망가뜨렸다. 자물쇠가 망가진 상황은 미시(未時)의 시반을 포함한 일시반에 잘 나온다.

참고로 문점 당시 균시차가 (+)3분 25초이고, 직장은 서울 홍익대학교 근처이므로 지방시는 (+)32분이다. 따라서 역학에서 사용하는 시간인 겉보기 태양시로 미시(未時)는 13시 35분 25초[=13시(일본의 동경 표준시)+32분(지방시)+3분 25초(균시차)]부터 시작된다.

여기에서 균시차는 진태양시와 평균 태양시의 차이를 말한다. 즉, 해시계를 통해서 관찰한 자연의 시간과 인위적으로 조작한 가상의 표준 시간의 차이를 의미한다.

■ 갑오시의 일시반

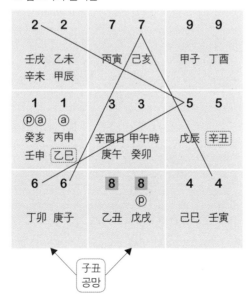

■ 을미시의 일시반

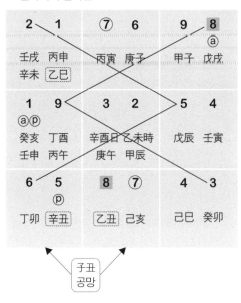

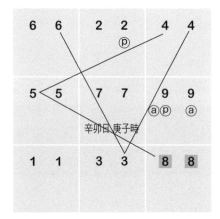

■ 연월반

자물쇠와 열쇠는 연결되어 있으므로, 연결된 것을 상징하는 간궁이 자물쇠와 열쇠의
체이고, 간궁을 대표하는 팔백토성(8)이 자물쇠와 열쇠의 용이다. 따라서 자물쇠가 고
장났는지를 확인하기 위해서는 자물쇠의 몸체 상태와 작동 여부를 알려주는 자물쇠
의 체인 간궁을 조사한다. 만약 간궁이 온전하면, 다음으로 자물쇠가 잘못 운영되었

는지를 확인하기 위해 자물쇠의 용인 팔백토성(8)을 조사한다.

이번 사례는 설명의 편의를 위해서 먼저 추론에 필요한 구성 상의를 구궁에 대입하여 제시하고, 다음으로 자물쇠의 고장 여부를 분석하며, 마지막으로 자물쇠의 운영 형태를 분석한다.

■ 자물쇠와 동파에 관련된 구성 상의

깜짝 놀라다, 허상이다		틈새
자물쇠, 열쇠	물, 얼음, 어려움에 빠지다	

❶ 자물쇠의 고장 여부

자물쇠가 고장났는지를 확인하기 위해서는 자물쇠의 체인 간궁을 조사한다. 갑오시(甲午時)의 시반과 일반 모두에서 간궁은 다음 그림처럼 흉살로 파괴되지 않고 온전하다. 따라서 자물쇠의 몸체는 갑오시(甲午時)부터 당일 내내 정상적인 상태이고, 전원이 잘 들어온다.

■ 갑오시에서 자물쇠의 체

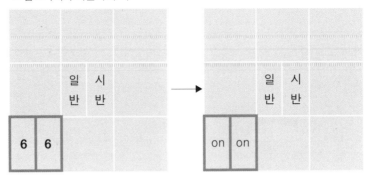

그러나 을미시(乙未時)의 시반에서 간궁은 파살과 오황살 등의 흉살로 파괴되고, 동시에 자물쇠의 생년지지인 축(丑)이 공망궁인 간궁에 빠져서 활력이 없다. 설상가상으로 일반에서 자물쇠의 생년지지인 축(丑)이 공망궁인 감궁에 빠져서, 시반에서는 다수의 흉살로 망가진 자물쇠의 체를 당일 내내 활력이 없는 상태로 감염시켜버렸다. 이렇게 시반에서는 체가 다수의 흉살로 망가지고, 일반에서는 생년지지가 공망궁에 빠지거나 입중하면 순간적으로 죽을 수도 있다. 따라서 자물쇠가 순간적으로 망가져 버린 것이다.

■ 을미시에서 자물쇠의 체가 처한 상태

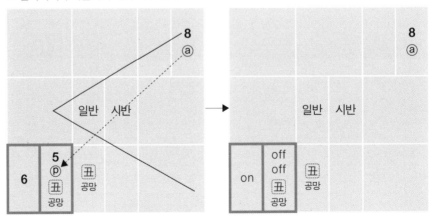

역학으로 미래를 예측할 때는 카오스 이론을 따른다. 따라서 미래를 결정하는 초기조건은 문점 당시의 일시반이고, 그 중에서도 시반을 토대로 하는 일반이다.

자물쇠는 문점 당시부터 당일 내내 작동을 잘 하는 상태이지만, 을미시(乙未時)의 시반에서는 자물쇠의 용인 팔백토성(8)에 의해 자물쇠의 체인 간궁이 파괴되었다. 이것은 초기조건인 갑오시(甲午時)의 일시반에서는 잘 작동하던 자물쇠가 을미시(乙未時)의 시반에서는 자물쇠의 용인 팔백토성(8)에 의해서 순간적으로 크게 파손되어 작동하지 않게 되었음을 알려준다.

❷ 자물쇠의 운영 형태

먼저 갑오시(甲午時)를 보면, 자물쇠의 체인 간궁이 온전하므로 자물쇠는 정상적인 몸상태로 작동하고 있다. 따라서 자물쇠가 열리지 않는 이유는 자물쇠의 운용이 역주행을 하기 때문이다. 이것은 시반 감궁에서 자물쇠의 용인 팔백토성(8)이 파살을 맞고 파괴된 것에서 추론할 수 있다. 심지어 시반 감궁으로 삼합선이 지나지 않아서 해결책도 존재하지 않는다.

그러나 일반에서는 자물쇠의 용인 팔백토성(8)이 온전하므로, 갑오시(甲午時) 이후 당일에는 자물쇠를 정상적으로 운용할 수 있다.

■ 갑오시에서 자물쇠의 용

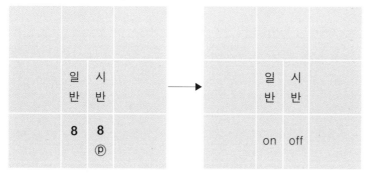

다음으로 을미시(乙未時)를 보면, 자물쇠의 용인 팔백토성(8)이 곤궁에서 암검살을 맞았다. 이것은 자물쇠가 정상적으로 운영되지 않는다는 것을 알려준다. 그러나 해결책을 부여하는 삼합선이 곤궁을 지나는 동시에, 자물쇠의 용인 팔백토성(8)이 을사년(乙巳年)생 남자의 본명성과 겹치므로 이 남자가 억지로 자물쇠를 운영한 것이 해결책이 되었다. 이를 풀어서 설명하면, 얼어붙은 틈새에 열을 가해서 녹인 후 자물쇠를 열어야 했는데 이 남자는 틈새가 언 상태에서 힘으로만 무리하게 자물쇠를 연 것이다.

결과적으로는 곤궁에서 암검살을 맞고 역주행을 하게 된 자물쇠와 이 남자의 용인 팔백토성(8) 때문에 자물쇠의 체인 간궁이 파살과 오황살로 파괴되어버렸다. 이것은 이 남자가 억지로 자물쇠를 운영하다가 자물쇠의 몸체를 망가뜨린 것을 의미한다.

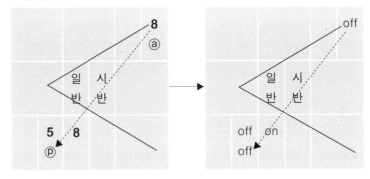

■ 을미시에서 자물쇠의 용

❸ 자물쇠의 틈새가 얼어붙은 이유

자물쇠의 내부공간 중에서 틈새가 얼어붙은 이유는 크게 세 가지다.

첫째, 자물쇠를 처음 열려고 한 갑오시(甲午時)의 시반에서 자물쇠의 내부공간 상태를 알려주는 생년지지 축(丑)이 태궁에 오황살과 함께 들어가 있다. 이를 공간 계층 구조에 따라 해석하면, 자물쇠의 내부공간 중에서 태궁이 상징하는 틈새가 오황살을 맞아서 작동하지 않는다는 의미다. 그런데다 태궁이 일반과 월반, 연반까지 모두 흉살로 파괴되어 갑오시(甲午時)부터 일년 내내 자물쇠의 틈새는 병이 든 상태이다. 사람으로 치면 거의 죽게 된다.

둘째, 작동하지 않는[시반에서 오황살을 맞은 태궁] 틈새의 쓰임[시반 이궁의 7](①) 때문에 자물쇠가 열리지 않았다[시반 감궁의 파살을 맞은 8](②).

셋째, 틈새를 망가뜨린 오황살[시반 태궁의 5]이 물이 잘못 사용되도록[시반 진궁에서 암검살을 맞은 1] 만든다(③). 다시 말해서, 자물쇠의 틈새를 망가뜨린 것이 물까지 얼게 만들어서 사용할 수 없게 만든다.

지금까지 알아본 세 가지 이유를 종합하면, 자물쇠의 내부공간에 존재하는 틈새가 얼어서 자물쇠가 열리지 않았던 것이다.

■ 자물쇠의 내부공간 중 틈새의 상태

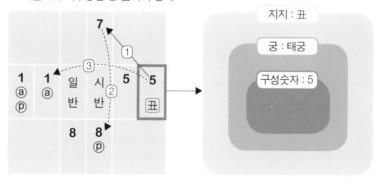

■ 자물쇠의 내부공간 중 틈새의 체 파괴

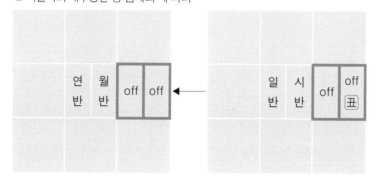

9 계약

집이나 상가, 또는 부동산 계약이 성사될지를 알려면 우선 계약 대상인 집이나 상가 등의 체와 용의 건전성을 살펴본다. 더불어 동시에 계약 문서를 의미하는 이궁, 그리고 이궁을 상징하는 구자화성 9의 건전성을 본다.

다음 표는 추론을 쉽게 할 수 있도록 계약 대상을 상징하는 구성 상의를 구궁에 대입하여 제시한 것이다.

✔ 계약의 체와 용

부동산 계약 여부는 계약 대상뿐만 아니라 계약 문서의 체와 용을 모두 조사한다. 계약 대상 중 땅이나 건물의 체는 간궁이고 구성숫자는 8이며, 집이나 상가의 체는 곤궁이고 구성숫자는 2이다. 계약 문서의 체는 이궁이고, 구성숫자는 9이다.

■ 컴퓨터와 문서 작업의 체와 용

자격	카드, 문서	집, 상가
	하자품	돈
땅, 건물	연애	회사, 국가, 상급기관, 인사 명령권자

명반에서 계약이 이루어지기 위한 조건을 간단히 정리하면 다음과 같다.

① 계약할 대상의 체와 용이 온전해야 한다. 특히 계약할 대상의 체가 중요하다. 그 이유는 체가 흉살로 파괴되어 작동하지 않으면 계약할 대상이 아예 존재조차 하지 않는 것과 같기 때문이다.
② 계약이 성사되기 위해서는 계약 문서의 체인 이궁과 용인 구자화성 9가 온전하면서, 계약 관련 당사자의 체용과 우호적인 관계를 형성해야 한다.

일반적으로 구성기학 일시반에서 계약에 관한 동적 사건이 발생하는 유형은 크게 세 가지다.

첫 번째 유형은 본명성이 이궁에 들어가 있는 경우이다. 본명성이 계약 문서의 몸체에 들어가서 운영되는 것인데, 역으로 생각하면 본명성이 계약 문서의 몸체를 만들면서 계약 문서의 용인 9를 다음 그림처럼 조종한다. 따라서 이런 경우에 이궁은 계약하다, 계약을 맺다 등의 서술어로 쓰인다.

또한 일시반에서 시반은 항상 그 시간대에서 주어가 되고, 시반을 둘러싼 전체 환경인 일반은 시반의 구성숫자가 사용하는 목적어 또는 부사어가 된다. 따라서 본명성이 시반 이궁에 위치한 경우에는 본인이 능동적으로 계약을 체결하고, 본명성이 일반 이궁에 위치한 경우에는 반대로 본인이 수동적으로 계약을 맺는다. 실제로 계약이 이루어질 때 첫 번째 유형이 가장 흔하게 일시반에서 나타난다.

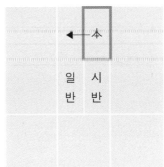
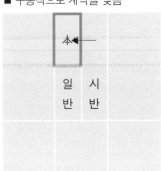

두 번째 유형은 본명성의 체 안에 계약 문서의 용인 9가 들어오는 경우이다. 이때는 반드시 계약 문서의 체인 이궁의 작동 여부를 확인해야 한다. 본명성이 2인 경우를 통해 이궁의 작동 여부에 따른 계약 상황을 설명한다.

만약 다음 그림처럼 이궁이 흉살로 파괴된 경우에는 작동하지 않는 계약 문서가 내 품 안으로 들어온 것이므로 계약이 깨진다.

반대로 이궁이 흉살로 파괴되지 않고 온전한 경우에는 작동하는 계약 문서가 내 품 안으로 들어온 것이므로 계약이 체결된다. 다만, 본명성이 이궁에 가서 능동적으로 계약을 체결한 것이 아니므로 수동적으로 계약을 맺는 경우가 많다.

■ 계약궁 자체가 꺼짐　　　　　　　■ 계약궁 자체가 작동함

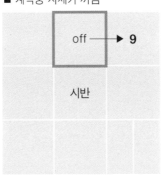
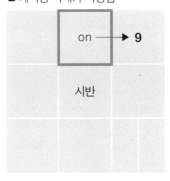

세 번째 유형은 본명성이 계약 문서의 용인 9와 같은 궁에 들어 있는(동회) 경우이다. 이때에도 반드시 계약 문서의 체인 이궁과 본명성의 체가 작동하는지를 확인한다.

만약 다음 왼쪽 그림처럼 계약 문서 9가 시반에, 본명성이 일반에 위치하면, 계약 문서가 본명성에 해당하는 사람과 함께 위치한 궁을 서술어로 사용한다. 여기에서는 9와 본명성이 위치한 궁이 진궁이므로, 계약 문서에 따라 본명성에 해당하는 사람이 출발하거나 말뿐이라는 의미다. 따라서 본명성에 해당하는 사람이 수동적으로 계약을 제안받거나 집을 팔거나 월세 또는 전세를 놓는다고 추론한다.

반대로 다음 오른쪽 그림처럼 본명성이 시반에, 계약 문서 9가 일반에 위치하면, 본명성에 해당하는 사람이 계약문서와 함께 위치한 궁을 서술어로 사용한다. 본명성과 9가 위치한 궁이 진궁이므로, 본명성에 해당하는 사람이 능동적으로 계약을 체결하려고 한다. 따라서 이런 경우는 본명성에 해당하는 사람이 능동적으로 계약을 제안하거나 집을 사거나 월세 또는 전세를 얻으려 한다고 추론한다.

■ 수동적으로 계약을 제안받음

■ 능동적으로 계약을 시작

사무실 임대 계약이 안 된 경우

실전사례 01

음둔 기간인 2009년 양력 9월 14일 미시(未時)에 1970년 경술년(庚戌年)생 남자가 서울 양재동에 교습소로 사용할 사무실을 임대하기 위해 그 근방의 부동산 중개업체를 찾아갔다. 그 중개업체로부터 근처의 한 상가를 소개받은 후 마음에 들어 상가 주인에게 바로 계약하겠다고 연락하였다. 그러나 상가 주인이 계약을 하러 오는 시간이 늦어지자, 경술년(庚戌年)생 남자가 답답한 마음에 임대 계약을 할 수 있을지를 문의해온 것이다.

이렇게 경술년(庚戌年)생 남자가 상가 주인을 기다리는 와중에 중개업체의 사무장이 어느 신용카드 회사의 가입원서를 작성해달라고 부탁해왔고, 이 경술년(庚戌年)생 남자는 아무런 생각 없이 신용카드 가입원서를 작성해주었다.

결국에는 구성기학 일시반에 나온 것처럼 상가 주인이 마음을 바꾸어 임대하지 않겠다고 신시(申時)에 전화로 알려왔다.

■ 정미시의 일시반

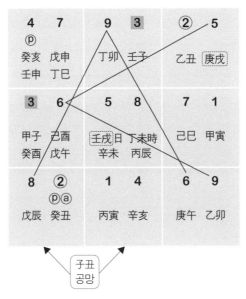

■ 무신시의 일시반

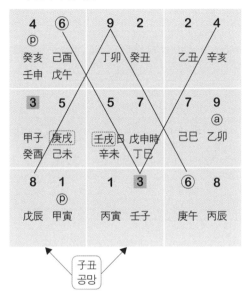

■ 연월반

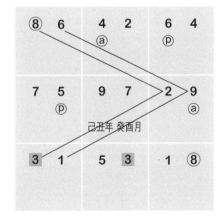

계약이 성사되기 위한 첫 번째 조건은 계약할 대상의 체가 온전해야 한다는 것이다.
문점 당시를 표시한 시반에서 사무실의 체인 곤궁을 보면 오황살로 파괴되어 작동하
지 않는다. 또한 일반 곤궁도 2대 2 대충으로 파괴되어 시반 곤궁이 흉살로 파괴된 현

상이 당일 내내 지속된다. 따라서 이 남자가 계약할 대상인 사무실은 문점할 당시부터 당일 내내 전원이 아예 꺼져서 작동하지 않는다. 다시 말해서, 계약할 사무실의 존재 자체가 없어서 계약이 성사되지 않는다.

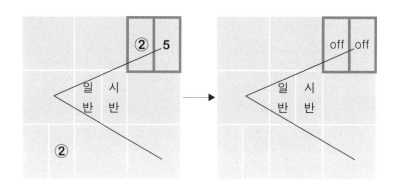

위와 같은 이유로 문점한 시간대에 본 사무실은 계약이 성사되지 않았지만, 시반 곤궁으로 삼합선이 지나는 동시에 다음 그림처럼 월반 곤궁이 온전하므로 당월에 다른 사무실을 계약할 수 있다. 실제로 이 남자는 당월에 다른 사무실을 계약하였다.

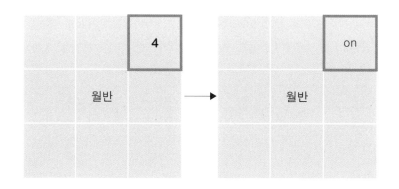

계약이 성사되기 위한 두 번째 조건은 계약 문서의 체인 이궁과 용인 구자화성 9가 온전하면서, 계약 관련 당사자의 채용과 우호적인 관계를 형성하는 것이다. 다음 그림을 보면 시반의 본명성 3이 일반의 9와 함께 이궁에 들어가 있다. 이것을 문장으로 바꾸면 다음과 같다. 이 남자[시반의 3]는 신용카드[일반의 9]와 함께 계약한다[이궁]. 또한 계약 문서의 용인 시반의 9도 건궁에 들어가서 정상적으로 잘 운영되고 있다. 다음 그림에서는 순행(順行)으로 표시하였다.

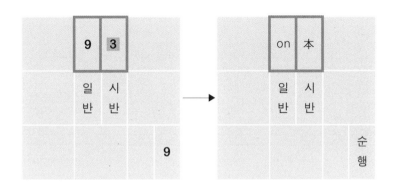

이렇듯 계약 문서의 체와 용이 모두 온전하고, 본명성 3이 이궁에 들어가서 본인이 능동적으로 계약 문서를 만들고 있었기 때문에 이 남자는 적극적으로 신용카드 가입원서를 작성해준 것이다.

　　그러나 계약이 성사되기 위한 첫 번째 조건이 어긋나서, 즉 계약 대상인 사무실의 체[곤궁]가 흉살로 파괴되어 작동하지 않으므로 사무실을 계약하지 못했다.

참고로, 문점한 다음 시간대인 무신시(戊申時)의 시반을 보면, 본명성 3의 체이면서 주인을 상징하는 건궁의 지지인 술(戌)의 내부공간인 진궁이 오황살로 파괴되고, 동시에 이 오황살에 의해 발생한 암검살을 맞아서 계약 문서의 용인 9가 태궁에서 파괴되었다(①). 따라서 무신시(戊申時)에 상가 주인이 변심하여 임대 계약이 깨졌다. 시반 태궁에서 암검살을 맞은 9의 체인 이궁에 2가 들어가 있는데, 이는 사무실[이궁 2]이 조종하는 계약[태궁 9](②)이 깨짐을 의미한다.

아파트 매매 계약 여부

음둔 기간인 2009년 양력 7월 29일 유시(酉時)에 1962년 임인년(壬寅年)생 여자가 본인 소유 아파트가 매매될지를 문의하였다. 문의한 당시에 이미 그 날 저녁에 구매자가 집을 보러 오기로 약속된 상태였다. 결과는 구성기학 일시반에 나온 것처럼 그 날 저녁 술시(戌時)에 매매 계약이 성사되었다.

■ 일시반

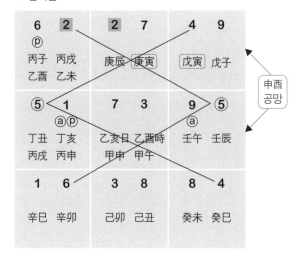

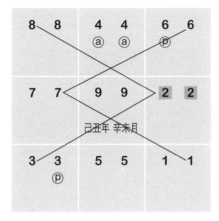

계약이 성사되기 위한 첫 번째 조건으로 우선 계약 대상인 아파트의 체, 즉 곤궁이 온전해야 한다. 문점 당시를 표시한 시반을 보면 다음 그림처럼 곤궁이 흉살로 파괴되지 않고 온전하다. 따라서 이 여자가 매매할 대상인 아파트는 문점 당시부터 당일 내내 잘 작동하고 있다.

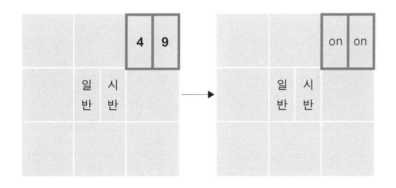

계약이 성사되기 위한 두 번째 조건은 계약 문서의 체인 이궁과 용인 구자화성 9가 온전하면서, 계약 관련 당사자의 체용과 우호적인 관계를 형성하는 것이다. 다음 그림을 보면 일반의 본명성 2가 시반의 7에 의해서 이궁에서 동회를 당한다. 이것을 문장으로 바꾸면 다음과 같다. 이 여자[일반의 2]는 돈[시반의 7]에 의해서 계약을 당한

다[이궁]. 또한 계약 문서의 용인 시반의 9도 이 여자의 본명성 2의 체인 곤궁에 들어가서 정상적으로 잘 운영되고 있다. 다음 그림에서는 순행(順行)으로 표시하였다. 이것은 계약 문서가 이 여자의 품 안에 들어왔다는 것을 의미한다.

지금까지 살펴본 것처럼 계약 문서의 체와 용이 모두 온전하고, 본명성 2가 이궁에 들어가서 수동적으로 계약을 당하므로 아파트가 팔린 것이다.

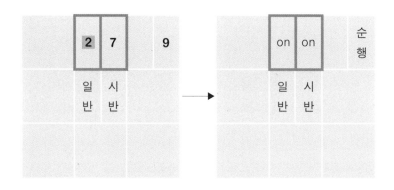

참고로, 다음 그림처럼 월반에서 본명성 2가 태궁에 위치한 것은 당월에 이 여자가 돈을 번다는 것을 의미한다. 이러한 추론이 가능한 이유는 일시반의 이궁에서 시반의 7[돈]에 의해 본명성 2가 동회를 당한 의미가 월반 태궁[돈을 벌다]까지 이어지기 때문이다. 즉, 일시반의 전체 환경이 월반이므로, 일시반에서 본명성 2가 돈[7]에 의해 계약을 당한 행위가 월반에서 본명성 2가 돈을 번다는 전체 환경과 연결되는 것이다.

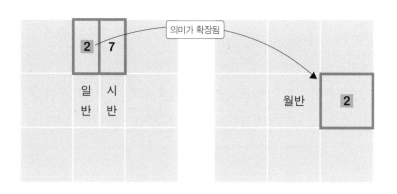

빌라 임대차 계약 여부

음둔 기간인 2009년 양력 10월 12일 20시 52분 술시(戌時)에 1971년 신해년(辛亥年)생 남자한테서 전화가 왔다. 이 남자가 소유한 빌라가 그 해 추석 때 세입자가 나가서 비어 있는데, 월세를 얻으려는 어떤 부부가 그 빌라를 보고 다음 날 임대차 계약을 맺겠다고 구두로 약속했다는 것이다.

과연 다음 날 임대차 계약이 이루어질지가 문점 내용인데, 구성기학 일시반에 나온 것처럼 그 부부는 다음 날 오지 않았다. 그러나 을해월(乙亥月)인 양력 12월 3일에 그 부부가 아닌 다른 사람과 임대차 계약을 하였다.

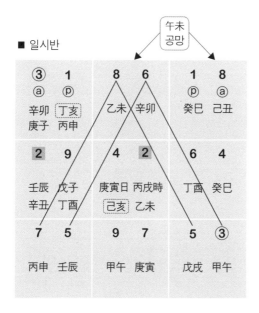

■ 연월반

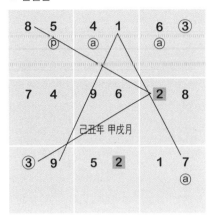

■ 문점한 다음 달의 연월반

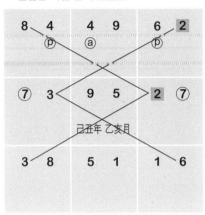

계약이 성사되기 위한 첫 번째 조건으로 계약 대상인 빌라의 체인 곤궁이 온전해야
한다. 일시반을 보면 문점 당시를 표시한 시반부터 당일을 표시하는 일반까지 곤궁이
흉살로 파괴되어 작동하지 않는다. 따라서 이 남자가 임대할 대상인 빌라는 문점 당
시부터 당일 내내 전원이 아예 꺼져서 작동하지 않는다. 설상가상으로 삼합선도 시반
과 일반 모두에서 지나지 않으므로 해결책이나 수습책조차 존재하지 않는다. 자동차
에 비유하면 수리나 교체를 해야만 하는 상황이다. 따라서 구두로 계약한 이 부부는
다시 찾아오지 않는다. 실제로 구성기학 일시반에 나온 것처럼 계약이 성사되지 않았
을 뿐만 아니라 그 부부는 그 이후로 전혀 연락이 없었다.

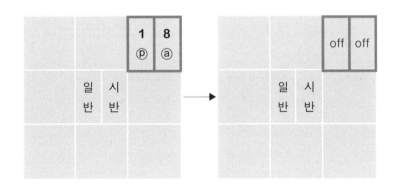

계약이 성사되기 위한 두 번째 조건으로 계약 문서의 체인 이궁과 용인 구자화성 9가 온전하면서, 계약 관련 당사자의 체용과 우호적인 관계를 형성해야 한다. 계약궁인 이궁을 보면 다음 그림처럼 시반과 일반 모두 온전하다. 또한 계약 문서의 용인 9도 시반과 일반 모두 온전하여 정상적으로 운영되는 것처럼 보인다.

그러나 시반 진궁에 위치한 9는 좀더 살펴볼 필요가 있다. 이번 사례에서는 본명성과 계약 대상인 빌라를 상징하는 구성숫자가 2로 동일하다. 이런 상황에서 다음 그림처럼 일반의 본명성 2가 시반의 9에 의해 진궁에서 동회를 당한다. 여기에서 일반 2의 체인 곤궁이 흉살로 파괴되어 작동하지 않으므로 일반의 2는 작동하지 않는 빌라로 해석된다. 이것을 문장으로 바꾸면 다음과 같다. 이 남자와 계약 대상인 빌라[일반의 2]는 계약[일반의 9]할 것을 제안받는다[진궁]. 그런데 이 빌라는 작동하지 않는[일반에서 파살을 맞은 곤궁] 것이므로 이번 문점에서는 존재 자체가 없다.

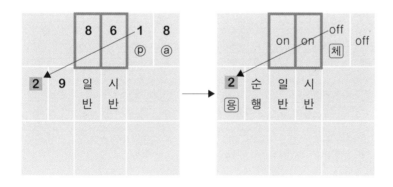

지금까지 살펴본 것처럼 일시반에서 계약의 체인 이궁과 용인 9는 온전하다. 문제는 일시반에서 계약 대상인 빌라의 몸체(곤궁)가 흉살로 파괴되어 작동하지 않는 것이다. 따라서 곤궁이 정상적으로 작동하는 달에 임대차 계약이 성사된다. 이 사례를 자동차에 비유하면 일시반은 운추론에서 타고난 자동차의 차체이고, 연월반은 일시반이란 자동차가 가는 길이기 때문이다.

그렇다면 언제 계약이 성사되는가? 다음 그림처럼 당월인 갑술월(甲戌月)의 월반

에서는 곤궁이 3대3 대충으로 파괴되었으므로 임대차 계약이 성사되지 않는다. 다음 달인 을해월(乙亥月)의 곤궁은 온전하므로, 을해월(乙亥月)에 소속된 양력 12월 3일에 문점한 빌라의 임대차 계약이 성사되었다.

■ 갑술월의 월반

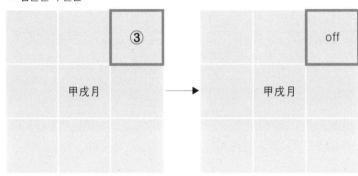

■ 을해월의 월반

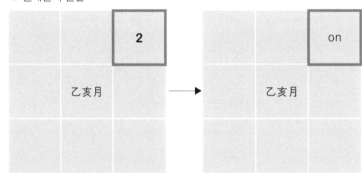

이번 사례를 통해서 알아본 바와 같이, 어떤 일이 해결되는 시기는 카오스(chaos) 이론에 의해 구해진다. 카오스 이론은 겉으로 보기에는 무질서하고 불규칙으로 보이지만, 본질적으로는 초기조건에 의해 결정되는 규칙과 질서를 가진 현상들을 설명하려는 이론이다.

대표적인 카오스 이론의 하나가 나비 효과이다. 나비 효과는 브라질에 있는 나비의 날갯짓이 미국 텍사스에 토네이도를 일으킬 수도 있다는 과학 이론이다. 좀더 자세하게 설명하면, 나비 효과는 나비의 날개짓 한번으로 일어난 바람이 시간이 갈수록 커져서 태풍을 만든다는 과학 이론으로, 초기조건인 작은 변화가 결과적으로 엄청난 변화를 초래할 수 있는 경우를 말한다.

구성기학에서는 일시반이 카오스 이론의 초기조건에 해당한다. 일시반에서 정해진 초기조건이 연월반을 운행하면서 큰 변화가 초래되는 것이다. 따라서 같은 연월반이라도 초기조건인 일시반에 따라서 해석이 많이 달라진다.

위 사례에서는 초기조건인 일시반에서 이미 계약의 체인 이궁과 용인 9가 온전하므로 연월반에서 더 이상 이궁과 9를 계산할 필요가 없다. 연월반에서 이궁이 온전하든 또는 이궁이 흉살로 파괴되든 상관 없이, 이미 초기조건인 일시반에서 정상 상태이므로 연월반에서도 지속적으로 정상 상태이다. 따라서 초기조건인 일시반에서 흉살로 파괴되어 정상적으로 작동하지 않는 곤궁이 연월반 중 시간 계층구조상 일시반과 가까운 월반에서 정상적으로 작동하는 달에 임대차 계약이 성사된다.

만약 일시반에서 빌라의 체인 곤궁이 정상 상태인 반면 계약궁에 해당하는 이궁이 흉살로 파괴된 상태라면 연월반에서 곤궁이 정상인지 또는 흉살로 파괴된 상태인지는 더 이상 조사할 필요가 없고, 오직 이궁이 정상적으로 작동하는 월반에 해당하는 달에 임대차 계약이 성사된다.

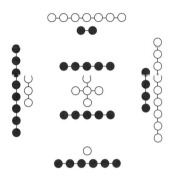

테마별 구성 상의는 다음과 같이 구궁에 대입하여 정리하였다.

사록목성 (巽宮 : ☴)	구자화성 (離宮 : ☲)	이흑토성 (坤宮 : ☷)
삼벽목성 (震宮 : ☳)	오황토성 (中宮)	칠적금성 (兌宮 : ☱)
팔백토성 (艮宮 : ☶)	일백수성 (坎宮 : ☵)	육백금성 (乾宮 : ☰)

부록

테마별 구성 상의

1. 직업 / 2. 날씨와 기후 / 3. 분실물이 위치한 장소 / 4. 사물 / 5. 장소 / 6. 추상적인 구성 상의

1. 직업

목재상, 목수, 포목점, 각종 중개업, 여행사, 우체국, 택배업, 관광업, 이삿짐센터, 항공사, 가스업, 경매사, 무역업, 미용사, 여행인, 미아, 가출인, 국수업자, 안내인, 파이프, 지물포, 새집, 장어집

의약품, 화장품, 문방구, 카메라, 조명기구, 여배우, 모델, 문화인, 학자, 지식인, 검사, 심판관, 감정사, 시험관리자, 경찰관, 감독, 감시자, 역술인, 사진사, 호색가, 출판업, 신문기자, 보일러기사

종업원, 부하, 서민, 농민, 집안식구, 토목기사, 헌옷가게, 골동품업, 떡집, 빵집, 쌀가게, 산부인과, 복덕방, 노동자, 산부인과 의사, 조산사, 부사장, 숙련자, 토목 건축업자, 잡화상, 도자기상, 슈퍼마켓, 흑인, 소규모 제조업

운전사, 유명인사, 전기전자제품 판매업, 아나운서, 사기꾼, 총포상, 허풍쟁이, 가수, 음악가, 청과물상, 노래방, 전파사, 엔지니어, 발전기, 폭약취급인, 진보적 사상가, 방송국 직원

원로, 선배, 악당, 폭력단, 횡령인, 강도 절도범, 살인범, 사형수, 자살자, 변사자, 도살업, 간장과 된장 제조업, 건물 철거업, 고물상, 비료 판매, 쓰레기 관련업, 분뇨수거업, 방해자, 건달, 고리대금업, 독재자, 장의사, 경비, 경호원

가수, 첩, 손아래 여인, 화류계, 불량소녀, 후처, 은행원, 금융업자, 치과의사, 철물상, 무당, 배우, 탤런트, 작곡가, 다방, 변호사, 전당포, 목욕탕, 보석상, 음식점

상속인, 저축하는 사람, 비만인, 산사람, 숙박업, 건물수리업, 부동산업, 임대업자, 분양업자, 창고업, 보험업자, 주차장업, 등산가, 역무원, 매매주선인, 중개인, 재생업, 어린이

환자, 걸인, 철학자, 세탁소, 주류 판매업, 우유대리점, 어부, 어물전, 야경원, 임신부, 매춘부, 색정광, 도망자, 간첩, 어업, 수산업, 밀수업자, 노숙자, 조각가, 장님, 익사자, 낙태아, 죄수, 탈영병, 정부(情夫)

주인, 손윗사람, 권력가, 귀인, 대통령, 수상, 총리, 장관, 시장, 관료, 회장, 장군, 모자점, 두목, 자본가, 역술인, 투자가, 제화업, 자동차업, 기계업, 보석시계상, 정치가, 군인, 공무원, 경찰관, 외국인, 변호사, 투자가, 승려

2. 날씨와 기후

늦봄, 초여름, 바람, 풀과 나무가 번성하는 시기	여름, 태양, 무더위, 갠 하늘, 가뭄, 무지개, 빛, 건조, 남풍	초가을, 흐린 날씨, 서리, 고요한 날씨
봄, 천둥, 번개, 지진, 해일, 폭발, 분화, 회오리, 바람, 동풍	지진, 태풍, 대홍수, 수해, 쓰나미, 천재지변, 냉해, 한파, 병충해, 큰 가뭄	가을, 해질 무렵, 서풍
늦겨울, 초봄, 흐린 날씨, 날씨 변화 시기	겨울, 눈, 서리, 비, 구름, 안개, 어두운 밤, 북풍, 해수, 호우, 대홍수, 수해, 안개비, 물안개, 물방울	늦가을, 맑은 날씨, 태양

3. 분실물이 위치한 장소

동남쪽, 선풍기, 냉방기 옆, 출입구, 창틀 근처, 통기창, 신발장, 우편함, 도로, 통로, 파이프

남쪽, 눈에 잘 띠는 곳, 책장, 명함상자, 화장대, 조명기구 근처, 서재, 앨범, 문방구

서남쪽, 옷장, 네모난 상자, 이불, 네모난 보자기, 네모난 주머니, 네모난 포대

동쪽, 전기 또는 전자 제품 근처, 전화, 인터폰 옆, 나무 근처

중심, 더러워진 물건, 쓰레기통, 쓰레기장, 거실, 화장실

서쪽, 식품, 음료의 옆, 주방, 틈새, 물건의 벌어진 공간

동북쪽, 창고, 계단, 엘리베이터, 문, 담, 의자, 소파, 조끼의 호주머니, 침대, 물건이 겹쳐 있거나 쌓여 있는 곳, 벽

북쪽, 어두운 곳, 어떤 것의 밑, 싱크대, 하수구, 수도 근처, 냉장고, 지하실, 구멍

서북쪽, 높은 곳, 옥상, 귀금속, 보석함, 가방, 핸드백, 코트, 자동차 안 또는 부근, 금고, 둥근 형태의 주머니, 외투의 호주머니

4. 사물

부채, 풍선, 선풍기, 항공기, 향신료, 향수, 허리띠, 줄, 전화선, 모발, 침, 선로, 나무칼, 목마, 대들보, 성냥, 슬리퍼, 짚신, 서랍, 편지, 엽서, 소식, 택배, (바람·긴 줄·통신·나무·출입)에 관련된 것들

연료, 불, 그림, 문서, 책, 장식품, 주식, 수표, 증서, 계약서, 원서, 학용품, 위임장, 추천서, 영수증, 명함, 국기, 신호기, 판화, 훈장, 누각, 영화, 카메라, CCTV, 지폐, 신용카드, 약품, 잡지, 신문, 조명기구

의상, 포대, 여성용품, 일용품, 방석, 이불, 네모난 물건, 장기 바둑판, 중고의류, 모래, 시멘트, 벽돌, 평면적인 물건, 껍데기

악기, 컴퓨터, 전화, 휴대전화, 폭발물, 전기와 전자 제품, 지휘봉, 칫솔, 청진기

썩은 물건, 불량품, 폐기물, 팔다 남은 찌꺼기, 녹이 슨 물건, 유서, 폐가

쇠붙이, 칼, 목이 없는 물건, 주방기구, 의료기구, 공작기구, 공구, 방울

열쇠와 자물쇠, 연속된 물건, 쌓아놓은 물건, 암석, 발이 달린 물건, 의자, 소파, 식탁, 조끼, 병풍, 두 개를 하나로 만든 물건, 정기예금, 사슬, 돌, 바위, 비석, 엘리베이터, 에스컬레이터

분실물, 선박, 주류품, 액체, 인형, 수건, 걸레, 인쇄기, 붓, 잉크, 고무, 물감, 그림자, 비석, 북두칠성, 성기, 정액, 시체, 초, 행주, 낚시도구, 기저귀

보석, 귀금속, 유리, 구슬, 거울, 반지, 시계, 모자, 우산, 모기장, 두건, 장갑, 구두, 자동차, 대포, 소총, 기관총, 소금, 인공위성, 전철, 오토바이, 자전거, 군함, 둥근 형태의 주머니

5. 장소

숲, 선로, 선착장, 다리, 우체국, 새장, 우동 국수집, 골프장, 현관, 도로, 철로, 하차장, 공항, 출입구

건조한 곳, 경찰서, 검사장, 시험장, 검문소, 등대, 재판소, 소방서, 의사당, 관공서, 영화관, 도서관, 박물관, 학교, 극장, 책방, 문방구, 백화점, 나이트클럽, 선거장, 화재현장, 학원, 증권거래소, 기도원, 경매하는 곳, 조명이 많은 곳

평원, 평지, 들판, 공터, 밭, 산중턱, 농촌, 고향, 본적지, 일터, 작업장, 전당포, 곡물창고, 시멘트, 야구장, 노동조합

진원지, 화약고, 사격장, 번화가, 시끄러운 장소, 발전소, 싸움터, 가로수, 청과시장, 정원수 판매장, 발전소, 전화국, 강연장, 음악 연주회장

전쟁터, 화장터, 공동묘지, 황야, 오염지대, 화장실, 쓰레기통, 폐기물 처리장, 사형장, 도살장, 음침한 장소, 미개척지, 황야, 안방, 홈그라운드

연못, 향락업소, 양계장, 오락실, 러브호텔, 결혼식장, 레저관광지대, 다방, 음식점, 클럽

산, 경계선, 교차점, 묘지, 문, 계단, 건물가옥, 창고, 여관, 담, 문, 터널

해안, 바다, 하천, 강, 뒷문, 목욕탕, 하수구, 연못, 병원, 소방서, 침실, 수족관, 어장, 주유소, 매춘, 우물, 동굴, 온천, 북극, 어두운 곳, 추운 곳, 해수욕장

수도, 중심가, 고지대, 관공서, 국회, 학교, 경마장, 경기장, 궁궐, 불당, 교회, 빌딩, 국회의사당, 군부대, 무기고, 증권거래소, 시장, 박람회장, 운동장, 박물관, 극장, 번화가, 금고, 직장

6. 추상적인 구성 상의

신용, 정리, 대인관계, 이사, 여행, 장사, 영업, 승하차, 소식, 바람, 먼 곳, 혼담, 무역, 교통, 물품왕래, 자격	계약, 소송, 이별, 구설수, 노출, 발현, 사건규명, 화려함, 장식, 행사, 유명세, 몸단장, 독서, 구경, 진찰, 측량, 방화, 비밀폭로	노력, 근로, 헷갈린다, 무능, 충실, 순종, 순응, 완고, 신중, 양육, 배양, 사육, 상담, 협의, 고려, 주저함, 심로, 겸손, 수집, 개간, 네모난 것, 게으름, 태만
시작, 활동, 진출, 번영, 강연, 설교, 통역, 전달, 경솔, 구설, 허언, 사기, 급격, 허상, 소문, 총포, 놀라다, 격분하다, 악기연주, 박수, 실언, 누전, 감전, 명령, 언쟁, 발명, 개업, 마찰, 소리만 있고 형태는 없다	사면초가, 반역, 살해, 사고사, 재난, 대재난, 전쟁, 테러, 파괴, 강한 욕심, 장례식, 부패, 도난, 파산, 중독, 마약밀매	유흥, 웃음, 애교, 색정, 연애결혼, 잔치, 결혼, 수술, 금전, 경제, 금융, 차용금, 설명, 구설, 키스, 불편, 식사, 금속가공, 과다지출, 유혹
변화, 정지, 사망, 갱신, 혼합, 축적, 저축, 상속, 후계, 보험, 집단, 형제, 친척, 동업자, 환경변화, 시작과 끝의 교차, 전환점	분실, 은닉, 비밀, 고민, 성교, 임신, 곤란, 함정, 밀수, 밀매, 암흑, 구멍, 비책, 패배, 배반, 꿈, 역행, 모욕, 수영, 투신자살, 야학, 밀회, 냉담, 잠행, 우울, 오리무중, 침착, 의심, 행방불명, 병색(病色)	권위, 수뇌부, 둥근 것, 권력, 존경, 충만, 결실, 확장, 투쟁, 전쟁, 투기, 신앙, 기계, 재판, 경마, 자살

구성기학 2_실전사례

글쓴이 ㅣ 이승재
펴낸이 ㅣ 유재영
펴낸곳 ㅣ 동학사
기 획 ㅣ 이화진
편 집 ㅣ 나진이
디자인 ㅣ 임수미

1판 1쇄 ㅣ 2012년 8월 13일
1판 3쇄 ㅣ 2020년 3월 31일
출판등록 ㅣ 1987년 11월 27일 제10-149

주 소 ㅣ 04083 서울 마포구 토정로 53(합정동)
전 화 ㅣ 324-6130, 324-6131
팩 스 ㅣ 324-6135
E-메일 ㅣ dhsbook@hanmail.net
홈페이지 ㅣ www.donghaksa.co.kr
　　　　　www.green-home.co.kr

ISBN 978-89-7190-379-7 03150